INTERRUPTION DE LA PRESCRIPTION

ÉTUDE HISTORIQUE

SUR LES

CAUSES D'INTERRUPTION

DE LA PRESCRIPTION

3283-77. Corbeil. — Typ. et stér. de Crété.

ÉTUDE HISTORIQUE

SUR LES

CAUSES D'INTERRUPTION

DE

LA PRESCRIPTION

ET SPÉCIALEMENT

SUR L'ORIGINE DES ARTICLES 2244 A 2247 DU CODE CIVIL

PAR

ALBERT DESJARDINS

AGRÉGÉ A LA FACULTÉ DE DROIT DE PARIS

Extrait de la *Nouvelle Revue historique de Droit français et étranger.*

PARIS

L. LAROSE, LIBRAIRE-ÉDITEUR

22, RUE SOUFFLOT, 22

—

1877

ÉTUDE HISTORIQUE

SUR LES

CAUSES D'INTERRUPTION DE LA PRESCRIPTION

ET SPÉCIALEMENT SUR

L'ORIGINE DES ARTICLES 2244 A 2247 DU CODE CIVIL

I

Pour connaître l'origine des art. 2244-2247 du Code civil, où il est traité des modes d'interruption civile de la prescription autres que la reconnaissance du débiteur ou du possesseur, il faut remonter jusqu'au droit romain.

1. Le cours de l'usucapion ne s'arrêtait que si celui au profit duquel il avait commencé perdait la possession. Il ne suffisait pas qu'il eût reçu une dénonciation du propriétaire, la loi 13, ff. *Pro emptore* (XLI, 4) le décide formellement, non pas même qu'il fût poursuivi en justice et que le *litis contestatio* eût lieu sur cette poursuite ; il devenait propriétaire *inter moras litis* (1) et il restait propriétaire, quelle que fût la sentence du juge. Cette conséquence des principes ne pouvait être contestée, mais elle ne pouvait non plus être approuvée ; ceux qui étudiaient ou qui appliquaient le droit, sans songer à la nier ou à la détruire, ne cherchaient qu'à la corriger, en replaçant, autant qu'il leur était possible, le revendiquant, le propriétaire ancien dans la situation où il

(1) Citons seulement la loi 18, ff. *De rei vindicatione* (VI, 1).

se serait trouvé si elle ne s'était pas produite; mais ils n'étaient jamais sûrs de réparer complétement le préjudice causé à celui dont le droit avait été reconnu par le juge.

2. Il n'en fut pas de la *præscriptio longi temporis* comme de l'usucapion. Il était de toute nécessité que le défendeur fît insérer cette *præscriptio*, ainsi que toute autre, dans la formule, et par conséquent qu'il y eût déjà un droit acquis au moment de la *litis contestatio*.

Les dix ou vingt ans n'étaient-ils pas accomplis quand le magistrat délivrait la formule? Le temps à venir ne comptait plus (1).

3. Non-seulement le défendeur ne pouvait joindre à la possession qui avait précédé la *litis contestatio* celle qui l'avait suivie, mais il ne lui était pas même permis de recommencer, à partir, soit de la *litis contestatio*, soit du dernier acte de procédure, une possession entièrement nouvelle qui lui donnât, après le temps requis, le droit de réclamer la *præscriptio*. « Que si le premier possesseur a été inquiété, quoique ensuite il soit resté en possession pendant un long temps sans aucune interpellation, cependant il ne peut se prévaloir de la *præscriptio longi temporis* (2). »

Comment s'explique cette règle?

Constantin dit : « Personne ne conteste qu'il n'y ait un double élément de la possession, l'un, qui est relatif au droit, l'autre, qui est relatif au fait; que l'un et l'autre ne peut être légitime que s'il est confirmé par le silence et l'abstention de tous les adversaires, mais que, une interpellation et un procès s'étant produits, celui-là ne peut plus être regardé comme possesseur, qui détient bien matériellement la possession, mais, à raison d'une *litis contestatio* qui a eu lieu, la cause ayant été déduite devant le juge, n'a plus rien que d'incertain et de douteux en ce qui touche l'élément de droit (3). »

(1) L. 26, C. *De rei vindicatione* (III, 32), L. 20, C. *De adquirenda et retinenda possessione* (VII, 32), L. 1, 2, 10, C. *De præscriptione longi temporis* (VII, 33).

(2) L. 1, C. *De pr. longi temp.*, des empereurs Sévère et Antonin.

(3) L. 10, C. *De adq. et ret. poss.*

L'explication est vague et elle n'a pas suffi à tous les commentateurs. Suivant Cujas (1), le défendeur devient possesseur de mauvaise foi par l'effet de la *litis contestatio*. Le principe, il est vrai, est que l'on se place au moment où la possession a commencé pour savoir si le possesseur doit être regardé comme étant de bonne ou de mauvaise foi, mais Cujas pense que le principe souffre ici une exception.

Cette opinion est inadmissible ; la prétendue exception ne s'appuierait sur aucun texte. La bonne foi, en droit romain, n'est exigée qu'au moment de l'entrée en possession, et, dans l'espèce, malgré la *litis contestatio*, le défendeur ne cesse pas de posséder. On pourrait dire que, du moins, le temps ancien étant effacé, c'est un nouveau délai qui commence à courir, et qu'il est nécessaire de remplir les conditions exigées, notamment d'avoir la bonne foi, au point de départ de ce nouveau délai. Mais où trouverait-on la preuve qu'une telle idée eût été appliquée en cette matière par les jurisconsultes romains? En tout cas, la *litis contestatio* ne suffit pas pour faire cesser la bonne foi. Qu'il en résulte un doute pour le possesseur, c'est tout ce qu'il est permis de présumer; peut-on, à l'avance et d'une manière générale, affirmer que, à partir du jour où la formule est délivrée au revendiquant, un possesseur quelconque cesse de se croire propriétaire? Bien plus, n'est-ce pas le cas de citer le texte de Paul : « Un possesseur ne doit pas, par crainte de ce péril, laisser trop facilement son droit sans défense (2)? » Il n'y a aucune raison pour appliquer ici, il n'y a que des raisons pour n'appliquer pas les règles relatives à la restitution de fruits, et même, en matière de restitution de fruits, à quelque époque du droit romain que l'on se place, il n'est pas vrai de dire que le possesseur de bonne foi est assimilé au possesseur de mauvaise foi à partir de la *litis contestatio* (3).

Pothier, du reste, ne reproduit l'explication de Cujas, ni

(1) *Comment.* ad. tit. XXXIII, *De præscr.*, lib. VII, C.

(2) L. 40, pp., ff. *De hereditatis petitione* (V, 3).

(3) V. M. Pellat, *Exposé des principes généraux de la propriété*, 2e éd., not. p. 316 et 317.

aux Pandectes (1), ni dans son traité *de la Prescription*, où il se borne à résumer la loi de Constantin (2).

4. L'expression *inquiéter* paraît avoir été habituellement employée pour désigner l'interruption de la prescription de long temps. Les empereurs Sévère et Antonin s'en servent dans la loi citée plus haut. On la retrouve dans Paul (3), et les empereurs Dioclétien et Maximien parlent d'une possession qui n'a pas été *interrupta inquietudine litis* (4).

5. Ce que l'on nomme la prescription extinctive ou libératoire n'existait pas chez les Romains à l'époque classique.

Rappelons seulement la distinction des actions en perpétuelles et temporaires. Les actions fondées sur le droit civil étaient en principe perpétuelles. Les actions d'origine prétorienne étaient temporaires, annales, au moins pour la plupart; elles pouvaient elles-mêmes être perpétuelles, quand elles servaient à étendre le droit civil.

Lorsqu'une action temporaire avait été exercée dans le délai prescrit et qu'elle avait été poussée jusqu'à la *litis contestatio*, elle devenait perpétuelle (5).

6. Que les actions fussent perpétuelles de leur nature ou qu'elles devinssent telles par la *litis contestatio*, si le procès, après avoir été engagé par la délivrance de la formule, n'était pas suivi, le droit du demandeur à obtenir une condamnation durait-il indéfiniment? Gaius nous apprend que, dans les *legitima judicia*, il était éteint après un an et six mois, que, dans les *judicia quæ imperio continentur*, il ne survivait pas à l'*imperium* du magistrat qui avait donné l'action (6); l'un ou l'autre délai passé, suivant les cas, ni le procès commencé ne pouvait recevoir de solution, ni un procès nouveau ne pouvait avoir lieu utilement.

Cette règle fut abandonnée, peut-être ne reçut-elle jamais

(1) Ad. tit. *De usurp. et usucap.*, n. 61.
(2) Part. I, chap. II, art. 3, § 2, n. 49.
(3) *Sent.*, V, II, 5.
(4) L. 2, C. *De Præscr. longi temp.*
(5) V. not. L. 139, pp., ff., *De regulis juris* (L., 17).
(6) IV, 104 et 105.

d'application hors de Rome (1) : quand Paul, quand Sévère et Antonin Caracalla décidaient qu'une prescription nouvelle ne pouvait être recommencée par le possesseur qui avait subi la *litis contestatio* avant d'avoir accompli les dix ou les vingt ans, ils supposaient évidemment que le demandeur ne perdait pas son droit par l'expiration d'un si court délai ; tout au contraire, ils regardaient ce droit comme pouvant s'exercer à jamais.

7. Du temps d'Arcadius et d'Honorius, il était admis que l'*oblatio precum*, requête adressée au prince, équivalait à la *litis contestatio* dans les actions annales prétoriennes et les rendait perpétuelles (2).

8. Théodose II posa le principe que les actions ne dureraient pas plus de trente ans, qu'un silence continu de trente ans, à partir du jour où elles auraient pu être exercées, ferait perdre le droit de les exercer à l'avenir (3).

Ce principe, qui, d'après les premiers mots, *sicut in rem speciales*, semble avoir été antérieurement admis en matière de revendication et qui sans doute y aurait été introduit par Constantin, s'appliquait désormais à toutes les actions, sauf un petit nombre de cas réservés.

9. L'empereur décida, en même temps, que, pour conserver l'action, il faudrait avoir, dans le délai indiqué, poursuivi le défendeur : « nisi... fuerit subsecuta conventio. »

Mais, chose remarquable ! ce n'est pas à la *litis contestatio* que l'empereur oppose la *conventio*. Il ne prétend pas placer ainsi l'interruption plus tôt ; il semble au contraire la retarder ; il repousse l'idée qu'elle puisse résulter d'un rescrit impérial ou d'une demande en justice.

La règle est maintenue par les successeurs de Théodose II, par Justin (4), par Justinien lui-même, dans plusieurs de

(1) M. de Savigny, *Système du droit romain*, trad. de M. Guenoux, § 243, note *m*, t. V, p. 330 et 331.

(2) L. 1, C. *Quando libellus principi datus* (I, 20).

(3) L. 3, C. *De pr. XXX vel XL ann.* (VII, 39). Sur la suppression du nom d'Honorius qui figure avec celui de Théodose en tête de cette constitution, v. M. de Savigny, *ib.*, § 248, note *b*, t. V, p. 281. — La constitution originale est insérée au Code Théodosien, où elle forme la loi *un. De act. certo temp. fin.* (IV, 14).

(4) L. 7. pp., §§ 1 et 5, C. *ib.*

ses constitutions (1), et c'est encore ainsi qu'il faut entendre certaines expressions trop obscures employées par ce dernier : « quæ in judicium deductæ sunt et cognitionalia acceperunt certamina (2). »

Justin et Justinien paraissent établir, à la différence de Théodose II, une certaine opposition entre la *litis contestatio* et la *sola conventio*. C'est dans cet esprit que le premier dit : « Si le silence n'a pas été interrompu comme il est prescrit par la loi, c'est-à-dire, *etiam per solam conventionem* », et qu'il représente plus loin la détention des objets hypothéqués par le créancier hypothécaire comme conservant son droit « beaucoup mieux que si l'interruption avait été produite par la *conventio*, puisque cette détention ressemble à la *litis contestatio* (3). » De même le second déclare que celui « qui a assigné son adversaire en justice et lui a adressé *libellum conventionis* » est censé *jus suum omne in judicium deduxisse* (4).

10. Justinien rendit une décision importante sur la manière de rédiger l'exploit de poursuite, *libellus conventionis*. Une personne qui a contre une autre plusieurs créances, notamment des créances dont les objets sont des quantités semblables, mentionne dans l'exploit une des sommes dues, sans mentionner la cause ; doit-elle être regardée comme ayant déduit en jugement, soit toutes ses créances, soit la plus ancienne seulement, ou comme n'ayant rien fait? Il arrive encore qu'un créancier fasse mention de l'action personnelle et omette l'action hypothécaire. Enfin un demandeur peut dire qu'une personne est tenue envers lui, *obnoxium sibi aliquem constitutum*. Justinien coupa court aux difficultés qui s'élevaient dans tous ces cas. Quand une personne en aura poursuivi une autre, tenue envers elle, et lui aura fait parvenir un exploit, cet exploit ne mentionnât-il aucune cause en particulier ou n'en mentionnât-il qu'une

(1) L. 1, § 1, L. 3, C. *De annali exc.* (VII, 40). Dans la constitution de Théodose, il ajoute les mots *per executorem* aux mots : *nisi fuerit subsecuta conventio*.

(2) L. 1, § 1, *cit.*

(3) L. 7, pp., et § 8. C. *De pr. XXX vel XL ann.*

(4) L. 3, C. *De ann. exc.*

seule, ne parlât-il que de l'action personnelle ou que de l'action hypothécaire, le droit tout entier n'en sera pas moins regardé comme déduit en justice et l'interruption comme accomplie (1).

11. Il ne faut pas considérer la novelle 119, ch. 7, comme ayant changé la législation du Code et donné à une simple protestation l'effet que celle-ci avait attribué à la poursuite. Ni le texte grec (2), ni même la traduction latine, raisonnablement interprétée (3), n'autorisent à le croire.

12. A partir de Théodose II, il y a dans le droit, en même temps qu'une prescription d'action véritable, une véritable interruption de prescription. Aussi le mot *interruption* commence-t-il à être employé, sinon par Théodose II, qui fonde l'institution au moins par ses successeurs. « Si non interruptum erit silentium...., interruptio præteriti temporis (4), » — « longi temporis interruptionem, esse interrupta temporum curricula (5). » Mais ce qui est interrompu, c'est le silence, c'est le temps, on ne peut parler encore de la prescription interrompue, puisque le mot *prescription* n'a pas reçu le sens définitif que nous lui donnons aujourd'hui.

On donne aussi de l'interruption de prescription une explication juridique : « Les exceptions odieuses sont établies contre les hommes qui sont négligents et méprisent leur droit, » dit Justinien (6).

13. Cette interruption, qui se rattache à des principes, qui reçoit sa dénomination propre, ne peut-elle être produite que par l'exploit de poursuite? Si l'on admet un autre mode, ce n'est qu'à titre exceptionnel.

Comme il ne faut pas qu'une personne ait à souffrir de ce que son adversaire est absent, puissant ou *infans*, Justinien

(1) L. 3, C. *De ann. exc.*

(2) διὰ μαρτυριῶν κατὰ τοὺς νομούς.

(3) « Qui... non contestatus fuerit secundum leges. » Les mots *secundum leges* prouvent qu'on renvoie aux lois établies et qu'on ne les abroge pas.

(4) L. 7, pp., et § 5, C. *De pr. XXX vel XL. ann*

(5) L. 3, C. *De ann. exc.*

(6) *Ib.*

établit certains modes particuliers (1). Il veut toujours qu'il y ait une différence entre les négligents et les vigilants. Le demandeur éventuel peut aller trouver le préteur et lui adresser une requête avant l'expiration du délai. L'interruption se produit complétement : « Et hoc... interruptionem temporis facere, et sufficere hoc ad plenissimam interruptionem. » Si l'on ne peut aborder le préteur, on doit s'adresser à l'évêque ou au défenseur de la cité, en manifestant son intention par écrit. Dans le cas où il serait impossible de trouver ces personnages, on ferait apposer, au lieu du domicile du possesseur, une affiche publique avec la souscription de *tabularii*, ou, si la cité n'a pas de *tabularii*, avec celle de trois témoins (2).

De plus Justinien maintient l'interruption par voie de requête au prince, mais pour les cas seulement où nous l'avons trouvée admise par Arcadius et Honorius; il la restreint expressément aux actions prétoriennes annales, de peur qu'on ne l'étende abusivement à d'autres actions enfermées dans des délais déterminés ; il suppose d'ailleurs qu'elle est suivie d'un rescrit en réponse (3).

14. L'action ne devient pas imprescriptible parce que la prescription a été une fois interrompue.

La constitution de Théodose II, dans un passage qui n'est pas reproduit au Code de Justinien, portait que les actions qui, après la *litis contestatio* et le débat engagé, cesseraient d'être suivies, seraient éteintes après trente ans (4).

On trouve la même disposition dans la Novelle 12 de Valentinien III, rendue pour l'Occident vingt-cinq ans après la constitution que Théodose II avait promulguée en Orient.

(1) L. 2, C. *Ib.*

(2) Il n'y a certainement aucune raison de fond pour restreindre cette constitution aux actions *in rem*. On doit remarquer cependant que Justinien prévoit seulement le cas où sera exercée l'une de ces actions. « Si quando abfuerit is qui res alienas vel creditori obnoxias detinet, et desiderat dominus rei vel creditor... — Absente suo adversario qui rem detinet... — Ubi domicilium habet possessor. »

(3) L. 2, C. *Quando libellus.*

(4) « In eamdem rationem illis procul dubio recasuris, quæ post litem contestatam in judicium actione deducta, habitoque inter partes de negotio principali conflictu, XXX denuo annorum devoluto curriculo, tradita oblivioni ex diuturno silentio comprobantur. »

Quand trente ans se sont écoulés depuis la *litis contestatio*, la prescription est accomplie. L'empereur fait exception pour le cas où la *litis contestatio* a eu lieu après vingt-cinq ans accomplis depuis le jour où l'action avait pu être exercée. Il ne faut pas qu'une personne attende les cinq dernières années du temps assigné à la prescription pour se ménager ainsi trente années nouvelles. Dans ce cas, le délai originaire de trente ans n'est prorogé que de cinq ans (1).

Justinien obéit à une préoccupation toute différente en modifiant sur ce point l'œuvre de ses prédécesseurs. Il voulut pourvoir à l'intérêt de ceux qui s'arrêtaient dans leur poursuite, parce qu'ils redoutaient la puissance de leurs adversaires, à cause de leur propre faiblesse ou de tous ces accidents qui se présentent dans la vie humaine. Avant lui, la prescription recommençait à courir *post cognitionem novissimam*, pour s'achever au bout de trente ans; il porta ce délai à quarante ans, *ex quo novissima processit cognitio, postquam utraque pars cessavit* (2). Ces derniers mots prouvent que l'empereur songe au dernier acte fait dans la procédure par l'une ou l'autre des parties. Il s'exprime de même ailleurs en rappelant la règle avec la modification qu'il y a apportée : « ex quo novissimum litigatores tacuerunt (3). »

Il revient encore sur le motif qu'il donne ailleurs pour justifier l'interruption de prescription. « Il ne faut pas comparer celui qui s'est tu complétement depuis le commencement à celui qui a déposé une demande, qui est venu en justice, qui a soutenu la lutte, mais que des hasards ont empêché de mener le procès jusqu'à la fin. » Sa constante préoccupation est d'encourager la vigilance.

15. La matière de la prescription, soit acquisitive, soit libératoire, est une de celles sur lesquelles les interprètes

(1) « Sane sicut non cœptam intra tricennium quamlibet causam vetuimus inchoari, ita quæ contestatæ litis sumpsit exordium... intra eadem tempora terminetur : nisi forte post vicesimum quintum annum, ex quo competere actio cœperat, contestata lis fuerit... » Il est remarquable que Théodose et, après lui, Valentinien parlent encore et seulement de la *litis contestatio*, sinon comme du moment où s'est arrêtée la première prescription, au moins comme de celui à partir duquel la prescription nouvelle peut courir.

(2) L. 9, C. *De præscr. XXX vel XL ann.*

(3) L. 1, § 1, C. *De ann. exc.*

éprouvent le plus de peine à déterminer le dernier état du droit romain, et parce que Justinien n'a pas expliqué clairement quelques-unes de ses innovations, et parce qu'il a réuni dans ses recueils des textes appartenant à des temps divers, en leur attribuant une égale autorité.

Justinien a transformé, comme il dit, l'usucapion; en quoi a consisté cette transformation? sur les points où l'empereur n'a pas fait connaître sa volonté, doit-on appliquer les règles de l'ancienne usucapion ou celles de l'ancienne *præscriptio longi temporis?* Le point dont nous nous occupons est précisément un de ceux sur lesquels il ne s'est pas expliqué : faut-il donc, en ce qui touche l'acquisition de la propriété par l'effet de la possession prolongée, admettre que la *litis contestatio* elle-même ne produira pas d'interruption, ou accepter au contraire le principe nouveau posé par Théodose II en matière d'extinction d'action et attacher l'interruption, non pas même à la *litis contestatio*, mais à l'acte de poursuite?

La plupart des interprètes modernes se rangent à l'opinion qui fait prédominer les règles de l'usucapion. « Je suis porté à croire, dit M. Demangeat (1), qu'il faut toujours appliquer les principes de l'ancienne usucapion; que, sauf en ce qui concerne le délai, Justinien a entendu les consacrer d'une manière générale, » et notre savant maître tire argument « des expressions mêmes qu'il (Justinien) emploie aux Institutes, » du mot *usucapiantur*, qui continue à désigner l'institution transformée. Notre savant collègue M. Accarias (2) enseigne la même doctrine, en se fondant notamment sur ce que Justinien suppose encore aux Institutes une usucapion accomplie *inter moras litis* (3). Il reconnaît cependant que « la doctrine est contrariée par la novelle 119, ch. VII (4). Peut-être donc que, postérieurement à la promulgation des Institutes, Justinien oublia ou voulut modifier la règle que ce recueil consacrait. Les plus considérables des auteurs allemands se prononcent pour le maintien des règles de l'usucapion en général, pour

(1) *Cours élémentaire de Droit romain*, 2e éd., t. I, p. 537 et 538.

(2) *Précis de Droit romain*, 2e édit., t. I, p. 555.

(3) L'argument est tiré du texte des Institutes, liv. IV, tit. XVII, *De officio judicis*, § 3.

(4) En effet, la nov. 119, c. VII, dont nous avons parlé plus haut, suppose une prescription acquisitive.

celui de la règle qui permet de compléter le temps légal *inter moras litis* en particulier (1).

L'opinion contraire était enseignée par M. Ortolan : « Quant à l'interruption de droit que l'on nomme civile, Justinien adopte la règle observée jadis par la prescription ; l'acquisition par possession, soit pour les meubles, soit pour les immeubles, sera interrompue par l'action du véritable propriétaire ; et cela dès l'instant où la controverse sera élevée et non plus à partir seulement de ce qu'on nommait *litis contestatio*, parce que, à vrai dire, cette *contestatio* n'existe plus dans la procédure de Justinien (2). »

Les partisans de cette opinion ont été plus nombreux autrefois qu'ils ne le sont aujourd'hui et les grands jurisconsultes l'ont professée comme incontestable (3). Nous serions, pour notre part, disposé à l'accepter. L'argument tiré des expressions dont se sert Justinien ne nous semble pas avoir une grande force. L'empereur emploie encore *usucapiantur*, mais c'est après avoir transformé l'usucapion, et il ne s'ensuit nullement qu'il consacre toutes les règles comprises autrefois dans la notion juridique de cette institution. Le premier système lui prête une innovation bien considérable : Justinien aurait en somme abrogé, pour les actions *in rem*, s'il s'agissait de la possession pendant dix ou vingt ans, une règle admise depuis de longs siècles, celle qui arrêtait au jour de la *litis contestatio* le cours de la prescription ; s'il s'agissait de la possession pendant trente ans, la règle établie par Théodose II, celle qui arrêtait au jour de la remise de l'exploit le cours de la prescription, et Justinien n'aurait point par un seul mot indiqué le changement si grave qu'il introduisait dans la législation ! Plus tard en écrivant la Novelle 119, c. VII, il aurait égaré, comme à plaisir, les jurisconsultes, en supposant que l'interruption résultait de la poursuite. Ne vaut-il pas mieux croire qu'il y reproduisait fidèlement

(1) M. de Savigny, *loc. cit.*, § 261, t. VI, p. 55 et suiv. — M. de Vangerow, § 316. — Cf. M. Maynz, § 199.

(2) *Explication historique des Instituts*, 7e éd., n. 538.

(3) Doneau, *Comm. de jure civili*, lib. V, c. IV, § 9 ; c. XXI et XXXI. — Voet, *Ad Pand.*, lib. XLI, tit. III, §§ 19 et 20. — Peut-être faut-il ajouter Cujas, not. *Comm.* ad tit. XXXIII et XLCC, et surtout *Not. in lib. VII*, c. *De usucap. transf.* — Cf. Glück, § 236.

le dernier état de sa législation? L'esprit de cette législation mène sans difficulté à la même conclusion. Justinien n'a pas l'habitude de respecter si scrupuleusement les anciens principes, quand ils sont en contradiction avec la manière dont il conçoit l'équité. Comment croire qu'il ait non-seulement conservé, mais étendu la règle de l'ancienne usucapion, que, en portant jusqu'à dix ou vingt ans le délai nécessaire au possesseur ayant juste titre et bonne foi pour devenir propriétaire, il y ait encore ajouté le temps qui pourrait s'écouler entre le commencement et la fin du procès, quand il n'a exprimé à plusieurs reprises d'autre pensée que d'établir une distinction entre ceux qui seraient vigilants et ceux qui seraient négligents, quand il a manifesté son intérêt pour les premiers en donnant quarante ans au lieu de trente à ceux qui auraient engagé le procès et auraient été forcés de l'interrompre, parce qu' « il ne faut pas comparer celui qui s'est tu complétement depuis le commencement à celui qui a déposé une demande, qui est venu en justice, qui a soutenu la lutte, mais que des hasards ont empêché de soutenir le procès jusqu'à la fin. »

Parmi les doctrines qui ont été professées sur la même question, signalons celle qui distinguait entre les meubles, pour lesquels aurait été maintenue, avec ses règles propres comme avec son nom, l'ancienne usucapion, portée à trois ans, et les immeubles, soumis au contraire à la *præscriptio longi temporis*. Elle jouit d'une grande faveur auprès des anciens interprètes, qu'elle mettait à leur aise pour expliquer les décisions diverses réunies dans les mêmes recueils; notre ancienne pratique en subit l'influence, comme le prouve le mot *usucapion*, employé à propos des meubles, par un grand nombre de coutumes et d'auteurs.

Les divers systèmes que nous venons d'indiquer se rapportent tous à la prescription acquisitive et laissent de côté la prescription extinctive. Tout autre est le système que nous trouvons dans Bartole.

Il faut diviser toutes les prescriptions en trois classes, les premières, *mere odiosæ*, les secondes, *mere favorabiles*, les troisièmes mixtes. Les premières sont exclusivement fondées sur la négligence de l'ayant droit, sans qu'on pense à favoriser celui qui prescrit et sans qu'on ait à examiner s'il est de bonne ou de mauvaise foi. L'interruption se produit alors *per solam executoris missionem*. C'est ce qui arrive dans les hypothèses prévues par les lois 3 et 7 C. de *Præscr.* XXX *vel* XL *ann.* La prescription doit en effet cesser en même temps que la négligence. Le type des secondes et l'usucapion des meubles par trois ans, telle qu'elle se présente dans le droit de Justinien; elle court par pure faveur pour le possesseur, à cause de son juste titre et de sa bonne foi; aussi n'est-elle interrompue ni par la citation, ni même par la *litis contestatio* (l. 18 ff. *De Rei vind.*), la *litis contestatio* ne supprimant pas la faveur qui s'attache au possesseur. Enfin les troisièmes courent à la fois par faveur pour le possesseur et en haine de l'ayant droit négligent; c'est, par exemple, la prescription de dix ou vingt ans, à laquelle s'applique une règle intermédiaire; l'interruption y est produite par la *litis contestatio*. C'est en ce sens qu'il faut entendre les lois 26 C. *De Rei vind.* et 21, § 1, ff. *Pro emptore* (1).

Ce système est généralement repoussé aujourd'hui (2), et c'est avec raison. Il n'est pas nécessaire de regarder toutes les décisions contenues dans les recueils de Justinien comme ayant dû recevoir sous lui une application pratique, et lorsqu'on en rencontre qui se contredisent parce qu'elles n'appartiennent pas au même temps, il est plus simple de constater un progrès ou tout au moins un changement que d'imaginer une classification arbitraire. Dans le dernier état du droit romain, en principe, et sauf les exceptions que nous avons fait connaître, la prescription, soit acquisitive, soit extinctive, s'interrompt par la remise de l'exploit, conformément à la constitution de Théodose II. Mais il faut reconnaître l'importance historique du système de Bartole, il eut aussi un grand crédit; généralement accepté par ses contemporains, il fut longtemps après lui regardé comme exprimant d'une manière incontestable la vraie doctrine.

Nous ne prétendons pas établir avec précision un ordre chronologique de succession entre ces divers systèmes, ni

(1) Ad L. 3, C. *De præscr. XXX vel XL ann.* — Cf. ad L. 3, ff. *De eo per quem factum erit.*

(2) V. notamment Glück, p. 236. — Cf. M. de Savigny, p. 242.

soutenir que celui-ci a fait oublier celui-là ; ils ont pu être, ils ont été enseignés à la même époque ; il y a des auteurs chez lesquels on trouverait le souvenir et des uns et des autres ; nous les avons mentionnés, en rapprochant les noms des principaux auteurs qui les avaient soutenus, sans chercher les noms de ceux qui les avaient imaginés ; nous y avons trouvé surtout les éléments essentiels de l'étude historique que nous avons entreprise.

II

16. En fait de prescription, notre ancien droit ne saurait prétendre à beaucoup d'originalité. C'est au droit romain qu'il doit presque tout. Mais ses emprunts n'ont peut-être pas en cette matière le même caractère que dans d'autres. L'appropriation semble y être et plus ancienne et plus complète. L'action des jurisconsultes de profession, des interprètes, sans laquelle l'institution ne se serait peut-être pas maintenue avec les mêmes caractères, sans laquelle les règles n'eussent pas été transmises avec tant de précision, est cependant moins apparente. On reconnaît l'effet d'une acceptation spontanée au moins autant que l'on voit le développement du travail scientifique. On peut appliquer à toute la matière ce que disait déjà la loi des Wisigoths de la prescription de trente ans : elle lui semblait venir de la nature même des choses (1), et cependant, quand la loi des Wisigoths fut rédigée, il n'y avait pas très-longtemps que cette espèce particulière de prescription était établie.

Aussi ne faut-il pas s'étonner de trouver dans la plupart des coutumes rédigées au seizième siècle, ou vers le seizième siècle, non-seulement des articles, mais un titre consacré aux *prescriptions*, aux *possessions et prescriptions*. La matière est reconnue coutumière, alors même que les rédacteurs renvoient formellement au droit écrit (2) pour les

(1) V. J. Godefroy, ad L. 3, C. *De pr. XXX vel XL ann.*

(2) *Coutumes générales du comté de Bourgogne*, 1459, chap. IV, art. 51. *Ancienne coutume de Sens*, 1506, art. 200 : « L'usage touchant les usucapions et pr... [illegible]ptions en autres choses (que les droits féodaux) consonne à la disposi-

règles à suivre, qu'ils écartent l'application de quelques-unes des règles qui sont posées par ce droit écrit (1), que, par la manière même dont sont conçues leurs rubriques, ils font une distinction entre ce qui vient de Rome et ce qui appartient en propre à leur pays (2).

Il y a sans doute un point sur lequel la diversité est grande, c'est la durée de la prescription ; mais ce que nous venons de dire explique pourquoi sur tous les autres il a dû se former un droit commun. Il y a aussi des applications nouvelles, par exemple la libération d'un héritage grevé d'une rente foncière, quand il est possédé comme franc pendant un certain laps de temps ; mais sur les applications nouvelles les principes anciens gardent leur autorité. Ces différences tiennent à l'interprétation, où l'on constate des modifications apportées à un droit antérieur, dont en principe l'autorité est reconnue.

17. Les hypothèses très-nombreuses où il y a lieu d'interrompre la prescription rentrent dans trois séries distinctes. Il s'agit pour un propriétaire d'interrompre la prescription acquisitive qui le privera de sa propriété, pour un créancier hypothécaire ou pour un crédi-rentier d'interrompre la prescription qui lui fera perdre son droit réel sur la chose, pour un créancier d'interrompre la prescription par laquelle son débiteur sera libéré.

Une note, mise au bas d'un paragraphe relatif à la prescription acquisitive de dix à vingt ans et à l'interruption, dans Bourjon, renvoie au « chapitre des actions en déclaration d'hypothèque, où cela est plus amplement établi, comme

tion du droit écrit ; et partant n'y échet poser aucune coutume. » L'article disparaît sans être remplacé dans la nouvelle coutume (1555). On traite alors la prescription comme les autres matières sur lesquelles on suit l'empire du droit écrit.

(1) *Ancienne coutume de Bourges*, Rubriche, III, art. 7, et Coutume d'Issoudun, tit. III, art. 7 : « Selon la coutume, usucapion n'a point de lieu. »

(2) L'ancienne coutume de Touraine (1507) avait un chap. XVIII, intitulé *Prescription en coutume*. La nouvelle (1559) a un titre XIX, intitulé *des Prescriptions*. Les annotateurs du *Coutumier général* disent, d'après Palu : « Les rédacteurs (de 1507) avaient eu intention d'indiquer que les prescriptions dont il était parlé dans ce titre ne sont pas conformes au droit commun, mais qu'elles sont d'observance et coutume qui se pratique outre et contre le droit commun. »

étant le siége de cette matière (1). » Il s'agit des cas où le titre et la bonne foi procurent à l'acquéreur d'un fonds hypothéqué l'avantage de le voir dégrever par un laps de temps de dix ou vingt ans. On comprend sans peine de quelle application était cette prescription sous le régime de l'hypothèque occulte.

18. Au treizième siècle, Beaumanoir dit : « Se uns hons demande à un autre muebles ou catix, soit par lettres ou en autre manière, et il s'est soufers de *fere se demande* par l'espasse de vingt ans, puis le terme de la dette : cil à qui le demande est fete n'en est pas tenus à respondre, se li demanderes n'a resnable cause par lequele li tans est courus *sans demande fere* (2). » Dans deux autres passages du même chapitre, c'est encore de *demande* qu'il est question (3). Faire sa demande, c'est le moyen d'interrompre sa prescription.

19. Ceux qui rédigèrent les coutumes en s'occupant de la prescription, déclarèrent le plus souvent qu'elle ne pouvait s'accomplir qu'à la condition de n'avoir pas été interrompue.

La manière la plus ordinaire d'exprimer cette condition consistait à demander, soit pour la prescription acquisitive de la propriété, soit pour la prescription qui libère un héritage d'une hypothèque ou d'une rente, une possession *paisible*. La possession doit être *paisible*, en termes absolus ; on dit quelquefois *paisible d'aucune dette, charge ou redevance* (4). Les mots *pacifique*, *pacifiquement* doivent, ce semble, s'entendre dans le même sens (5).

Au mot *paisible* on substitue parfois, ou plus volontiers l'on ajoute les mots : *Sans inquiétation*, *sans aucune inquiétation*, comme dans la coutume de Paris (6), ou les mots : *Sans*

(1) Bourjon, *Le droit commun de la France*, liv. III, tit. XXII, chap. II, sect. III, n. 22. Nouv. éd. Paris, 1770.

(2) *Les Coutumes de Beauvoisis*, éd. de M. le comte Beugnot, chap. VIII, n. 2.

(3) N. 8 et 9.

(4) *Cout. de Lille*, 1565, ch. XVII, art. 2. Cf. *Cout. de Cambray*, tit. XVII, art. 1.

(5) *Ancienne cout. de Bretagne*, art. 273 ; *Cout. de Bruxelles*, tit. XXI, art. 305.

(6) *Ancienne Cout.*, 1510, chap. IV, art. 66, 67 et 68. — *Nouvelle cout.*, 1580, tit. VI, art. 113, 114 et 118. — Cf. : « Sans payer ni être inquiété de

interruption (1), qui semblent d'origine plus récente et qui ne rappellent pas autant le droit romain.

Les rédacteurs emploient aussi d'autres expressions : *Sans contredit ni empêchement*, ou seules, ou jointes, soit aux unes, soit aux autres des précédentes (2).

Il nous paraît incontestable que le sens ordinaire du mot *paisible*, dans les textes coutumiers, est bien celui que nous lui donnons en ce moment. Il ne s'agit pas de demander que le possesseur n'ait jamais été en butte à des voies de fait. « Lorsque.. l'empêchement, dit Dunod (3), n'a consisté que dans les voies de fait, nonobstant lesquelles on a continué d'user du droit, et d'exercer la servitude, on achève de prescrire comme s'il n'y avoit point eu de trouble. » Domat s'exprime ainsi : «... La demande en justice fait que la possession n'est plus paisible (4). » Ce sont presque les mêmes expressions qu'on retrouve chez tous les jurisconsultes : « C'est (l'interruption) un acte par lequel on empêche que la possession ne soit paisible, » dit Basnage (5). — « La possession cesse d'être paisible par l'interpellation judiciaire, » dit Pothier (6). Quand celui-ci énumère (7) les cinq conditions de la prescription de dix ou vingt ans opposable au titulaire d'une rente foncière, après avoir cité l'article 114 de la coutume de Paris, où se trouve le mot *paisiblement*, il ne range pas dans le nombre la condition d'une possession paisible, qui serait autre que celle d'une possession non interrompue, et il ne parle que de cette dernière (8).

telle rente ou charge. » *Cout. de Senlis*, tit. XV, art. 193; *Cout. gén. de Clermont en Beauvoisis*, art. 69.

(1) « Sans interruption et inquiétation d'icelui. » *Nouv. Cout. de Melun*, 1560, ch. IX, art. 169. Les mots *sans interruption* ne se trouvaient pas dans l'ancienne coutume (1506), *chap. de usucapion et prescription*, art. 75.

(2) *Cout. gén., de Lorraine*, 1594, tit. XVIII, art. 1. —*Cout. du vidamé de Gerberoy*, tit. IX, art. 176, etc.

(3) *Traité des Prescriptions*, part. I. ch. IX. — « Les voies de fait n'interrompent pas le cours de la prescription, » dit aussi Bourjon (liv. VI, tit. VII, 1re partie, ch. IV, sect. II, n. 77, *note*).

(4) *Les lois civiles*, liv. III, tit. VII, sect. V, n. 15.

(5) Sur l'art. 522 de la *Cout. de Normandie*, 4e éd. Rouen, 1778.

(6) *Introd. au tit. XIV de la Cout. d'Orléans*, n. 26.

(7) *Traité du contrat de bail à rente*, n. 198 et sqq.

(8) Cf. de Heu, sur la *Cout. d'Amiens*, tit. IX, *des Prescriptions*, art. 160, n. 17, et La Villette, sur la *Cout. de Péronne*, art. 210.

20. Mais en quoi consistera cette *inquiétation*, cette *interruption*, ce *contredit* ou *empêchement*, qui fera cesser la possession paisible? Les quelques coutumes qui s'expliquent sur ce point ne sont pas en général des plus anciennes, c'est en avançant qu'on éprouve le besoin, ou de fixer par écrit ce qui avait été abandonné à la pratique ou de trancher les questions qui ont été soulevées.

La Coutume de Melun, dans sa première rédaction, contenait ces mots que n'a pas reproduits la seconde : « Sans inquiétation d'autrui que die icelui meuble à lui appartenir (1). » L'expression *die* était vague. La Coutume générale de Bourbonnais (1531) portait : « Toutes prescriptions sont interrompues par ajournemens libellés, exploits formels déclaratifs de la chose querellée, ou par demande judiciaire : et ont effet lesdites interruptions, combien que les exploits dessus dits ne soient poursuivis ou que l'instance sur ce commencée soit périe (2). » La Coutume de Berry (1539), avec plus de précision encore, disait que l'interruption civile s'opérait par ajournement libellé ou convention judiciaire (3). Enfin la Coutume d'Étampes, après s'être bornée à dire, à propos de la prescription de dix ou vingt ans, « sans avoir été inquiété en icelui héritage, » éclaircissait ces expressions, en revenant à la prescription de trente ans : « Sans que l'on ait en icelui héritage prétendu aucun droit de propriété ou rente et fait instance pour raison d'icelui (4). »

Les coutumes rédigées à la fin du seizième siècle et au commencement du dix-septième, soit dans le Nord, soit dans l'Est, parlent d'une demande en justice : « Quiconque aura possédé héritage ou rentes héréditaires pendant trente ans paisiblement et non demandées, » dit la Coutume d'Ostende (5). On trouve « l'interpellation judiciaire » exigée contre le débiteur d'une rente par les Coutumes de Bassigny (6); une « poursuite suffisante, » c'est-à-dire celle qui résulte d'une sommation judiciaire, mentionnée dans les Coutumes de la

(1) Art. 75.
(2) Ch. III, art. 34.
(3) Tit. XII, art. 13.
(4) *Cout. d'Étampes*, 1556, tit. IV, art. 63 et 64.
(5) 1610, Rub. XIX, art. 1.
(6) 1580, art. 172.

ville et cité de Metz (1); « l'ajournement ou interpellation judiciaire, » dans celles de l'évêché de Metz (2). La Coutume de Gorze parle aussi de « poursuite suffisante pour interrompre la prescription, » et il résulte d'autres articles qu'elle entend par là « demande, sommation et interpellation judiciaire, action judiciairement intentée (3). »

C'est vraisemblablement dans le même sens qu'il faut entendre les textes qui, au premier abord, feraient concevoir l'idée d'une alternative, comme la Coutume flamande de la châtellenie de Bouchaute, s'exprimant ainsi : « Où le créancier n'a point intenté d'action en dedans ledit temps de trente ans, ni interpellé aucun des coobligés ou des copropriétaires des hypothèques pour le paiement (4). »

Signalons aussi les Coutumes qui parlaient de la contestation en cause : « Si pendant ledit temps il n'a été par contestation en cause inquiété, tant dudit héritage que de ladite rente (5). »

Les différents textes que nous venons de citer ne se rapportent pas tous, soit à la prescription en général, soit à la même espèce de prescription. Il s'agit, tantôt de la prescription libératoire, tantôt de la prescription acquisitive, ici d'une longue et là d'une courte prescription, dans un endroit de celle que peut opposer le possesseur non propriétaire et dans un autre de celle qui est accordée au tiers détenteur contre le créancier hypothécaire ou contre le crédi-rentier. Nous n'avons pas fait des distinctions qui nous ont paru inutiles, la règle posée à l'occasion de questions spéciales est la règle générale. Nulle part, dans les coutumes, on ne trouve exprimée l'idée d'appliquer aux différents cas de prescription des modes différents d'interruption. Ce qui arrive, c'est qu'on rencontre, par exemple, le mot *paisiblement* à propos d'une

(1) 1613, tit. XIV, art. 8 et 18.

(2) 1629, tit. XVI, art. 11.

(3) 1624, tit. XIV, art. 31, 47 et 48.

(4) 1630, Rub. XV, art. 5 et 6. Cf. *Cout. de la ville et châtellenie d'Oudenarde*, Rub. XV, art. 11.

(5) *Nouv. Cout. de Mantes*, 1556, tit. IX, art. 108. Ces mots sont ajoutés à la fin de l'article, qui, dans l'ancienne coutume (tit. VII, art. 1) se bornait à demander que l'héritage eût été possédé paisiblement. Les mêmes expressions se trouvent dans la Coutume de Reims, rédigée la même année, art. 380 et 384.

hypothèse, et le développement de ce mot à propos d'une autre. Il n'en faut pas conclure que les rédacteurs ont eu l'intention de distinguer; il faut au contraire faire servir au cas sur lequel l'explication manque l'explication donnée sur un autre cas.

21. Les monuments écrits du droit coutumier laissaient place à une grande incertitude et rendaient nécessaire l'intervention de la jurisprudence et de la doctrine.

La plupart des coutumes, en faisant allusion à l'interruption ou même en la mentionnant, ne s'expliquaient pas sur la question essentielle : Comment s'opère-t-elle? Les coutumes en très-petit nombre qui y répondaient n'étaient pas de celles dont l'autorité s'étendait hors de leurs limites territoriales. A vrai dire, elles subissaient l'influence et constataient l'existence d'un droit commun que nous allons étudier; ce n'était pas à elles à l'établir et à l'imposer.

22. Le principe qui a fini par prévaloir en toute espèce de prescription est que l'interruption forcée résulte d'une demande judiciaire, demande en revendication, demande en déclaration d'hypothèque contre un tiers détenteur, demande en paiement d'arrérages, demande en paiement d'une créance principale. Admis par de grands interprètes du droit romain, au moins vers le seizième siècle, et textuellement inséré dans un certain nombre de coutumes, il est consacré par le Parlement de Paris dans un arrêt célèbre du 22 janvier 1655, rendu entre un créancier hypothécaire et un tiers détenteur qui faisait valoir la prescription de dix ans (1), et il est plus tard exprimé dans ces termes par l'avocat général Joly de Fleury : « La prescription en général ne peut s'interrompre que par une interpellation judiciaire faite à celui qui prétend l'acquérir (2). » Auroux des Pommiers définit l'interruption civile : « Quand on poursuit une personne pour raison de l'héritage dont il jouit ou de la chose qu'il doit (3). »

C'est en conséquence de ce principe qu'a été établie l'action en déclaration d'hypothèque : « Me Charles Loiseau,

(1) *Journal des Audiences*, t. I, p. 609-611, liv. VIII, ch. VIII.
(2) *Ib.*, t. VI, p. 88, liv. I, ch. XIV.
(3) *Coutumes générales et locales du pays et duché de Bourbonnais*. Paris, 1732, sur l'art. 34, n. 4.

dans son *Traité du déguerpissement*, liv. III, c. II, a remarqué que, pour éviter cet inconvénient, nos jurisconsultes français ont trouvé un remède fort convenable ; car, au lieu que la vraie action hypothécaire est interdite et refusée au créancier jusqu'après la discussion des biens de l'obligé, le droit français en a introduit une autre à l'effet d'empêcher et d'interrompre la prescription..., et c'est ce que nous appelons *déclaration d'hypothèque...* ; de sorte que, cette action pouvant être exercée en tout temps, celui qui la néglige ne peut plus dire qu'il ait été dans l'impuissance d'agir, et on n'est plus dans les termes de cette règle, *non valenti agere non currit præscriptio* (1). »

23. Il faut rechercher comment l'on justifiait le principe. Joly de Fleury donnait l'explication suivante, qui pouvait convenir à toute prescription : « Si l'on suit le principe de la prescription, elle est fondée sur ce que celui qui avoit un droit est présumé, après un certain temps, l'avoir cédé à celui qui a acquis la prescription. Il faut donc deux choses pour empêcher l'effet de cette prescription et par conséquent le cours de la prescription. Il faut que celui qui prétend le droit fasse connoître, avant le temps expiré, qu'il n'a point abandonné son droit. Il faut qu'il le fasse connoître à celui qui pourroit prétendre la prescription, afin que, s'il a eu un juste titre, il soit en état de se défendre ; s'il ne connoissoit point la prétention de sa partie, il négligeroit sa défense dans l'assurance que sa possession lui suffiroit et que, après un certain temps, il n'a plus besoin de titre. C'est pour cela qu'il faut, non-seulement déclarer sa prétention, non-seulement la déclarer à la partie par une sommation, mais il faut une interpellation judiciaire, une demande en justice qui mette le défendeur en état d'établir ses moyens et de se défendre par les voies ordinaires de la justice. »

Il est remarquable que, dans ce passage, il soit question de juste titre et de possession ; l'explication a néanmoins, dans la pensée de celui qui la donne, un caractère général. Il ne songe pas moins à la prescription libératoire qu'à la prescription acquisitive, puisqu'il rappelle des principes pour

(1) Basnage, sur l'art. 521 de la *Cout. de Normandie.*

en tirer des conclusions au sujet de la prescription criminelle.

Cette explication n'est pas la seule; nous en trouvons une autre très-différente, à propos des hypothèses où la prescription exige la bonne foi, à l'égard, soit du propriétaire, soit du créancier hypothécaire, soit du titulaire d'une rente foncière, en cas d'usucapion des meubles par la possession triennale, là où elle est admise.

« La demande en justice, dit Domat (1), fait... que le possesseur cesse d'être dans la bonne foi. »

C'est ce que disent aussi tous les auteurs qui s'occupent de la question (2).

L'avocat général Talon, qui portait la parole devant le Parlement de Paris en 1685, distinguait nettement cette seconde raison de la première : « Ainsi, disait-il, la question est de savoir si l'appelant a été de mauvaise foi et si la possession a été interrompue... Pour le premier point, on a distingué trois choses, la contestation en cause, *scientiam rei alienæ* et *malam fidem*. Car tous les interprètes demeurent d'accord que la simple dénonciation n'engendre pas la mauvaise foi, laquelle n'est présumée qu'après la contestation en cause : le possesseur a sujet de demeurer en bonne foi, lorsque la prétention de son adversaire ne lui paraît appuyée d'aucun titre légitime. C'est ce qui est remarqué par Martinus, ancien interprète, que *non omnis scientia rei alienæ est mala fides*, c'est-à-dire, quand le droit prétendu est incertain et non qualifié. Ainsi, quand la L. 10 C. *De adq. poss.* dit : *Non posse...*, cela se doit entendre, lorsque le procès est formé et que l'instance a pris trait. »

Les deux idées que distingue Talon sont confondues fréquemment chez les commentateurs : « L'on demande, disent les annotateurs de Duplessis, parlant de la prescription acquisitive de dix ou vingt ans, si l'interruption extra-judiciaire est suffisante pour interrompre la prescription. Il est

(1) L. c.

(2) Ferrière, *Corps et compilation*, 1re éd. Paris, 1685, sur l'art. 113, gl. 5, n. 9. — Bourjon, liv. III, tit. XXII, ch. II, sect. III, n. 17 et 22 ; liv. VI, tit. VII, 3e partie, ch. I, sect. VII, n. 41. — Duplessis, *sur la Cout. de Paris*, notes de Berroyer et de Laurière, *Des Prescriptions*, liv. I, ch. II, note *d*, p. 198. — Dufresne, *sur la Cout. d'Amiens*, tit. IX, art. 160, n. 4.

certain que non, parce que l'on n'est point obligé de répondre à tout ce qui est fait hors jugement ; l'acquéreur n'est point obligé de croire que ce qu'on lui signifie soit sérieux et véritable; en un mot, cela n'est pas capable de le constituer en mauvaise foi, et par conséquent cela ne peut pas interrompre le cours de la prescription. »

Rien d'étonnant dès lors si des auteurs qui traitent en général, soit de la prescription, soit de l'interruption, disent : « L'interruption civile est celle qui se fait par quelque acte judiciaire qui donne à connoître au possesseur que la chose qu'il possède ne lui appartient pas et qui le constitue en mauvaise foi (1). » On ne pense jamais qu'à l'interruption de la prescription acquisitive exigeant la bonne foi ; puis, oubliant le point de départ, on arrive à appliquer les principes posés, soit à toute prescription acquisitive, soit à la prescription libératoire. C'est la marche que nous avons signalée dans les conclusions de Joly de Fleury ; ayant à traiter une question de prescription en matière criminelle, il va chercher des raisons de décider dans les principes qui règlent l'acquisition de la propriété par la possession prolongée.

Enfin la confusion est manifeste dans ces deux passages de Chabrol : « L'interruption civile constitue nécessairement le débiteur en mauvaise foi. — Une saisie-arrêt, si elle n'est notifiée au débiteur, ou s'il n'est assigné pour la voir confirmer, n'interrompt pas non plus la prescription, parce que sa bonne foi continue, tant qu'il n'est pas légalement instruit des poursuites faites par son créancier (2). »

On peut affirmer que, dans le silence des coutumes, en présence des systèmes contradictoires auxquels les textes romains donnaient lieu, ce qui décida la jurisprudence française à poser d'une manière générale le principe de l'interruption par voie de demande judiciaire, ce fut l'acceptation de la règle canonique, qui exigeait la continuation de la bonne foi pendant toute la durée de la possession. Il arrive souvent, dans l'histoire du droit, que la conclusion dépasse les prémisses.

(1) Guyot, *Répertoire*, 1784, v° *Interruption*.
(2) *Coutumes générales et locales de la province d'Auvergne*. Riom, 1784, ch. XVII, art. 2, sect. II.

C'est à peu près vers le même temps que sur les deux points notre ancien droit prit définitivement parti.

D'Argentré combattait énergiquement la doctrine des canonistes admise par quelques interprètes, comme contraire aux principes du droit civil. Les jurisconsultes, disait-il, posent en principe que la mauvaise foi survenant n'interrompt pas la prescription : «Personne n'est tenu de s'en rapporter légèrement, sur ce qui concerne son droit, à l'affirmation ou à la négation d'autrui ; les possesseurs ont souvent beaucoup de motifs et de très-sérieux pour ne pas croire ce que dit un demandeur, ou pour croire autre chose : le plus souvent, surtout quand on a succédé à quelqu'un, on a les plus justes causes d'ignorance, de sorte que le défendeur n'a pas plus à céder au demandeur que le demandeur au défendeur qui nie (1).»

Charondas (Le Caron) disait encore : « Je sais bien que par le concile de Latran, cap. XLI, et droit canonique, la mauvaise foi survenant empêche la prescription ; mais par le droit romain *qui est observé en France*, on regarde seulement, en cette prescription de long temps, où la bonne foi est requise, si le professeur est entré de mauvaise foi en la possession de la chose par lui acquise (2). » L'on trouve jusque dans Auzanet, au milieu du dix-septième siècle : « Il suffit que, lors de l'acquisition, l'acquéreur soit en bonne foi, *nec mala fides superveniens officit*, pourvu que la mauvaise foi, c'est-à-dire la connaissance de l'hypothèque du créancier, ne survienne point avant la tradition et jouissance de l'acquéreur, suivant la loi *Si aliena res, D. de usurp. et usuc* (3). »

L'opinion contraire fut professée par Dumoulin en ces termes : « La connaissance survenue de la mauvaise foi n'excuse pas, si elle ne survient après le temps de la prescription (4). » Elle fut adoptée par d'autres jurisconsultes considérables (5) et consacrée par plusieurs arrêts du Parlement, en 1582 et en 1593, plus tard en 1675, ce qui n'empêchait pas Ferrière de poser encore la question, savoir, si dans la

(1) Sur l'art. 266 de la *Cout. de Bretagne*, v° *Interruption*, ch. VI, n. 21.
(2) *Pandectes du droit français*, liv. II, ch. XXII.
(3) Sur l'art. 114 de la *Cout. de Paris*.
(4) Sur l'*ancienne Cout. de Paris*, art. 67.
(5) V. Duplessis, *Des Prescriptions*, liv. I, ch. II, p. 490, note.

coutume de Paris il faut suivre le droit romain ou le droit canonique (1), pour la résoudre dans le sens du droit canonique.

Si c'est à la fin du seizième ou au commencement du dix-septième siècle, que le principe canonique sur la bonne foi s'est fait admettre sans contestation, on est peut-être autorisé à en dire autant de l'interruption par voie de demande judiciaire. « Depuis l'ordonnance de 1539, disait l'avocat général Talon, il a passé que l'ajournement seul est suffisant (pour interrompre la prescription), parce qu'il contient la demande libellée. » Ne nous arrêtons pas à ce motif; signalons la date que donne l'avocat général.

Sans doute Pothier ne trouvait pas satisfaisants les motifs donnés à l'appui de la règle. Il constate celle-ci, à propos de la prescription acquisitive, notamment de la prescription acquisitive par dix ou vingt ans, comme à propos de la prescription libératoire, mais sans l'expliquer par la cessation de la bonne foi, on peut même dire, sans en fournir aucune explication. Il se borne à dire que la continuité, nécessaire à la possession pour qu'elle produise la prescription, cesse par l'effet de l'interruption civile comme par celui de l'interruption naturelle.

Dunod, au contraire, cherche à dissiper la confusion, en montrant les divers motifs qui ont abouti à faire reconnaître le même principe dans les diverses hypothèses. Se référant au système qui distinguait trois classes de prescriptions et trois modes d'interruption différents dans le dernier état du droit romain, il dit : « Comme l'on suit le droit canon, qui exige la bonne foi pendant tout le temps des prescriptions qui ne courent qu'avec un titre, et que l'assignation donnée met en mauvaise foi celui qui a prescrit, elle doit suffire pour interrompre la prescription de trois et de dix ans, sans qu'il soit besoin de sentence au premier cas, ni de contestation en cause au second... Comme le droit romain a décidé que la simple citation interrompait la prescription de trente et quarante ans, parce que cette prescription court sans titre, et qu'elle n'est pas favorable, on doit dire la même

(1) L. c., sur l'art. 113, gl. 1, n. 1.

chose de toutes les prescriptions statutaires ou autres qui ne demandent point de titre, et qui ont été introduites pour punir la négligence de ceux contre lesquels elles courent, sans en excepter même les actions annales qui tirent leur origine du droit du préteur (1). »

24. C'est un ajournement libellé qui est exigé (2).

L'avocat général Talon faisait dériver cette condition de l'ordonnance de 1539 : « Que tous ajournements pour faire et intenter nouveau procès seront libellés sommairement, la demande et moyens d'icelle en brief, pour en venir prêt à défendre, par le défendeur, au jour de la première assignation. »

En exigeant de nouveau que les ajournements et citations fussent libellés, l'ordonnance de 1667, tit. II, art. 1, expliquait ce mot : « Contiendront les conclusions et sommairement les moyens de la demande (3). »

Le texte de l'ordonnance fournit une raison de demander, en notre matière, un ajournement libellé ; l'exploit est nul si cette condition n'est pas remplie.

Mais cette raison n'était pas la seule, et d'ailleurs on n'avait pas attendu que cette nullité fût prononcée par le législateur pour poser la condition.

Beaucoup d'auteurs se fondent sur cette idée que l'ajournement doit être fait de manière à constituer le défendeur en mauvaise foi : « La raison, dit Ferrière (4), est que le défendeur commence de connoître que la chose n'est pas à lui, par les moyens de la demande contenue dans l'exploit ; ainsi il ne peut point prétendre cause d'ignorance... Quand il y a assignation donnée, le défendeur peut fournir de défenses, sommer son garant, et poursuivre le jugement de la cause, et, par ce moyen, faire débouter le demandeur de sa demande, ou déguerpir la chose, s'il y est condamné ; et il se doit imputer, s'il ne l'a pas fait ; ou s'il ne l'a pas fait, il ne peut pas alléguer après les dix ans qu'il a toujours été

(1) Part. 1, ch. IX.

(2) Id., *ib.*

(3) « C'est là ce qu'on appelle le *libelle* de l'exploit, » dit Jousse sur cet article.

(4) L. c., n. 9. Cf. Basnage, *sur la Cout. de Normandie*, sur l'art. 522.

en bonne foi, et que sa prescription n'a pas été interrompue. » L'explication de Ferrière vient encore à l'appui de l'opinion que nous exprimions tout à l'heure.

A cette règle Domat opposait le droit romain, d'après lequel « celui qui assignoit sa partie n'étoit tenu d'expliquer que devant le juge ce qu'il prétendoit, et même Justinien avoit ordonné qu'une assignation générale devant le juge, sans mention d'aucune des choses que le demandeur pouvoit prétendre, suffisoit pour toutes et interrompoit même la prescription (1). »

D'après Basnage, « quelques-uns veulent que l'on baille copie des pièces justificatives de la demande, qu'elles soient rapportées en jugement, autrement le trouble et l'inquiétude ne seroient pas suffisants (2). » Un autre motif inspirait une autre opinion ou un autre vœu : « Il sembleroit même être requis, dit Louis le Grand (3), que la partie eût comparu en personne ou par procureur, afin qu'on ne pût pas douter que l'assignation ne fût venue à sa connoissance, ou bien qu'elle eût été condamnée par deux défauts, et qu'ainsi ledit arrêt (de 1629 qui veut un exploit d'assignation) peut être entendu, pour le peu de foi que l'on reconnoît en beaucoup de sergens. » Mais le droit commun se contentait de l'ajournement libellé. Il écartait les circonstances qui viennent d'être rapportées, ne les regardant pas comme nécessaires pour en compléter l'effet, comme il écartait, nous le verrons tout à l'heure, la contestation en cause.

25. Une simple interpellation extrajudiciaire n'interrompt pas la prescription. Pourquoi? La règle a-t-elle été admise de tout temps et par tout le monde? Est-elle absolue?

« Je sais, dit de Heu (4), qu'une demande ou interpellation extrajudiciaire n'est suffisante parce qu'elle est tenue

(1) L. c., note. D'Argentré (L. c. ch. VI, n. 4-6), entend autrement la loi de Justinien; il reprend l'explication de Balde, d'après laquelle *de generalitate causæ intelligenda est, ita tamen ut res petita certa sit*, aucune cause ne fût-elle exprimée, sauf au défendeur à exiger que la cause de réclamation soit indiquée. Il reconnaît du reste que la *citatio libellata* est nécessaire depuis 1561 (déclaration ampliative de l'ordonnance de Roussillon).

(2) L. c., sur l'art. 522.

(3) Sur l'art. 23, *de la Cout. de Troyes*, n. 41.

(4) L. c., art. 161, n. 6, à propos de la prescription acquisitive de trente ans.

pour non faite. » Mais d'où vient qu'elle est tenue pour non faite ? Dunod résume ainsi les motifs de cette règle : « Elles (les interpellations extrajudiciaires) sont inutiles, parce qu'elles ne suffisent pas pour causer la mauvaise foi; que la loi ne les autorise pas pour cela; que l'on n'est pas obligé de répondre à une sommation et que l'on peut croire que la demande n'est pas sérieuse, lorsqu'elle n'est pas faite dans la forme requise pour donner lieu à l'adversaire de se défendre, ou que celui qui a fait l'interpellation ne s'y est pas cru fondé, puisqu'il n'y a pas donné suite (1). »

Un autre motif, dû à une prudence toute pratique, est donné par Louis le Grand : « Que si on jugeoit autrement, la prescription ne pourroit jamais être acquise, se trouvant assez de ces gens qui ne manqueroient pas de délivrer des exploits de sommations et interpellations qui n'auroient jamais été faits (2). »

Les raisons de doctrine peuvent se réduire à deux principales : l'autorité de la loi, l'insuffisance de l'interpellation extrajudiciaire pour constituer en mauvaise foi.

L'autorité de la loi avait été longtemps la raison unique. Les commentateurs étaient déjà fort embarrassés par les textes romains relatifs, soit à l'ancienne usucapion, soit à l'ancienne *præscriptio longi temporis*, et antérieurs à la réforme de Théodose II. Ils ne seraient pas allés jusqu'à dépasser Théodose en substituant à la citation en justice l'interpellation extrajudiciaire et ils n'avaient qu'à se retrancher derrière les textes qui déclaraient celle-ci inutile (3).

Quand on en vint à accepter la doctrine du droit canon sur la nécessité de la bonne foi prolongée pendant tout le cours de la possession, on n'accepta pas cette conséquence que la sommation suffisait pour faire cesser la bonne foi (4).

(1) Part. I, ch. IX.

(2) L. c. Ce passage précède immédiatement celui que nous avons rapporté au numéro précédent.

(3) « De extrajudicialibus absolutum responsum jurisconsultorum traditur, nullam præscriptionem quæ cursum inchoaverit per eas interpellari » (D'Argentré, art. 266, v° *Interruption*, ch. v, n. 1).

(4) « Par le droit canon, la prescription s'interrompt par une simple citation, parce qu'elle est suffisante pour constituer un possesseur en mauvaise foi et partant dans l'impuissance de pouvoir prescrire. » (Ferrière, *l. c.*, n. 10).

Nous avons déjà vu comment s'expriment les annotateurs de Duplessis : « La raison, dit aussi Ferrière, est que la simple dénonciation ne produit pas la mauvaise foi, le possesseur ayant lieu de croire que la chose lui appartient et que son adversaire n'y a aucun droit, vu que sa prétention ne paroît fondée sur aucun titre (1). »

La décision se comprend, quand l'auteur affirme seulement qu'il a un droit sans rien produire à l'appui de son affirmation : « Mais, ajoutent les annotateurs de Duplessis, *quid juris, sit oppositio sit libellata?* Si elle contient tous les moyens, interromproit-elle la prescription, quand elle ne porte point d'assignation à certains jours? » Ils répondent négativement avec d'Argentré.

Tout le monde ne répondait pas de même ou du moins d'une manière si absolue : « Néanmoins, dit Bourjon (2), si un simple acte extrajudiciaire, quoique non suivi d'assignation, constituoit évidemment le détenteur en mauvaise foi, en lui faisant connaître que la chose qu'il possède ne lui appartient point, la prescription de dix ou de vingt ans seroit interrompue, parce qu'elle requiert la bonne foi. »

Le Parlement de Paris avait jugé en ce sens, le 25 janvier 1675, qu'une simple dénonciation était capable d'interrompre le cours de la prescription : « La commune opinion du Palais, dit Ferrière (3), est contre cet arrêt, mais il y avoit des circonstances particulières, qui faisoient connoître que l'interpellation faite au détenteur l'avoit constitué en mauvaise foi, lesquelles cessantes, on prétend que la simple dénonciation ou sommation n'est pas suffisante pour causer l'interruption. »

En posant la règle, l'ancien droit reconnaissait aux tribunaux le droit d'admettre une exception, à raison des circonstances, quand il s'agissait d'une prescription acquisitive exigeant la bonne foi.

(1) Ferrière, *Nouveau commentaire sur la Cout. de Paris*, nouv. éd., par M. Sauvan d'Aramon. Paris, 1770, sur l'art. 113.

(2) L. c., note sur le n. 41.

(3) *Corps et compilation*, L. c., n. 9. — Dunod (part. I, ch. IX) dit de même en termes assez réservés : « L'on a douté si la sommation interrompt la prescription de dix ou vingt ans. L'opinion commune et qui paraît suivie au Palais est qu'elle ne l'interrompt pas. »

26. Il pouvait y avoir des règles différentes selon les matières et selon les pays. Dunod admet bien que l'interruption résulte de l'interpellation extrajudiciaire « dans les cas expressément déterminés par la loi, l'ordonnance ou la coutume (1). »

Il semble bien que la règle qui exigeait un ajournement libellé ait eu de la peine à se faire admettre en ce qui touchait la prescription des arrérages de rente. Duplessis disait : « En ce cas particulier, la moindre sommation interrompt, cela est encore de l'ordonnance (2), et n'a lieu que pour les rentes constituées et non les foncières (3). » En 1709, les annotateurs ne faisaient aucune remarque sur ce passage. Bourjon le critiquait, il est vrai, dans la seconde moitié du dix-huitième siècle, et il exigeait une assignation ou un commandement, même en cette matière (4). Mais Dunod disait : « Le simple commandement ou réquisition extrajudicielle de payer interrompent la prescription de cinq ans, pourvu que cette réquisition soit faite par écrit (5). » Il semble bien qu'il regarde ici la réquisition extrajudicielle comme distincte du commandement, autrement il n'exigerait pas qu'elle fût faite par écrit. Cependant il a été réfuté comme ayant exigé le commandement d'une manière absolue, en matière de prescription d'arrérage de rente (6).

Quoi qu'il en soit de l'opinion de Dunod, il est certain que, dans un grand nombre de provinces, on persista à regarder l'interpellation libellée comme suffisante pour conserver le droit du crédi-rentier aux arrérages échus, c'est ce qui était admis en Bourgogne (7). En Franche-Comté, d'après les ordonnances spéciales à la province, il en était de même pour les arrérages des cens (8).

On a vu que la doctrine dominante s'appuyait sur l'auto-

(1) Part. I, ch. IX.
(2) Ord. de 1510, art. 71.
(3) Duplessis, liv. II, ch. I, sect. II, p. 509.
(4) Liv. VI, tit. VIII, Ire partie, ch. IV, sect. II, n. 34.
(5) Part. II, ch. VII.
(6) Bannelier sur Davot, *Traités sur diverses matières de droit français à l'usage du duché de Bourgogne*, nouv. éd. Dijon, 1788, liv. II, traité 7, § 2, n. XCV, note 521.
(7) Davot, *ib.*
(8) Dunod, part. III, ch. IX.

rité de d'Argentré. D'Argentré a traité avec beaucoup de développement de l'interruption de prescription (1), en s'attachant au système qui distingue trois classes de prescriptions, odieuses, favorables et mixtes. Il déclare de la manière la plus formelle que l'interruption ne peut jamais résulter d'une interpellation extrajudiciaire, sommation, dénonciation, interpellation, intimation, signification. C'en est cependant une espèce particulière que l'opposition admise par la Coutume de Bretagne (2), qui sert à empêcher l'appropriance, dont le caractère est d'être extrajudiciaire, alors même qu'elle se produit incidemment dans une instance : « Presque toujours, pour empêcher l'appropriance, on débute par une opposition, » soit conçue en termes généraux, et c'est ce qui arrive le plus fréquemment, soit exprimant la cause en vertu de laquelle elle est faite. Cette opposition produit son effet depuis le jour où elle est dénoncée à la partie, et il en résulte une interruption pour un an (3). Elle n'équivaut jamais à une citation en justice; on ne doit pas la considérer comme étant l'exercice d'une action; le jurisconsulte développe longuement les raisons qui ne permettent pas de lui attribuer tant d'effet. Il faut et il suffit que l'action soit intentée dans l'année, et, s'il s'agit d'une prescription qui suppose un titre, la litis contestatio doit avoir lieu dans l'année (4).

On voit avec quelle réserve d'Argentré admet l'interruption résultant de l'opposition, et c'est en matière d'appropriance. Est-ce l'exception étendue au point d'être devenue la règle que nous retrouvons au commencement du dix-huitième siècle dans un commentateur de la Coutume de Bre-

(1) Sur l'art. 266 de la Cout. de Bretagne, v. *Interruption* : « Etsi immensa est hujus loci materia, et argumentum ingens, quod debitam et propriam operam desiderat, ut male compacta in nostris libris, tamen quia perquam necessaria est ad usum, eoque magis quod interruptionis causas neque modum consuetudo attigit, quæ a jure civili peti oportet... »

(2) V. art. 270 de l'*Ancienne Coutume*, 260 et 270 de la *Nouvelle* sur le temps dans lequel doit être faite cette opposition pour produire son effet.

(3) V. art. 278 de la *Nouv. Cout.*, où est résumée cette doctrine. Cf. sur ce dernier article Poulain du Parc, *La Coutume et la Jurisprudence coutumière de Bretagne*, 3e éd. Rennes, 1783.

(4) L. c., ch. v, n. 4 et suiv. L'usage admettait les oppositions conçues en termes généraux : « Pour les causes ou raisons qu'il déduira lorsque mestier sera » (*ib.*, ch. vi, n. 8), tandis que l'ajournement devait être libellé.

tagne, la Bigotière? D'après celui-ci, « l'interruption se fait quand on arrête le cours des prescriptions et approprimens, et elle se peut faire par une simple opposition extrajudicielle... Le droit romain ne reconnoissait pas cette espèce d'interruption (D. *Qui alienam*, ff. *pro Emptore...*). Mais dans la vérité le juge ne fait le personnage que de témoin, et sans l'opposition ne laisse pas d'être véritable (1). »

Le Parlement de Dijon alla aussi loin que cet auteur. Il jugea que, l'action hypothécaire étant jointe à l'action personnelle, une simple sommation suffisait pour interrompre la prescription de quarante ans. A l'égard du tiers détenteur, il appliquait la même doctrine pour la Bresse et le Bugey, mais non pour la Bourgogne (2). Enfin, par un arrêt du 25 février 1760, il l'admit en matière réelle (3).

27. Nous ne verrons pas une dérogation à la doctrine dominante dans les cas où il ne s'agit vraiment pas d'interruption de prescription. Quand la sommation arrive avant l'entrée en possession, elle peut, si elle est suffisamment claire et probante, constituer en mauvaise foi, mais la prescription acquisitive de dix ou vingt ans n'est pas interrompue, elle ne commence pas. La sommation peut encore, d'après d'Argentré, interrompre ce qu'il appelle, ce qu'on appelle généralement dans l'ancien droit la prescription conventionnelle, ce que nous ne regardons pas comme une prescription véritable.

28. L'on demande un ajournement libellé et l'on ne se contente pas d'une interpellation extrajudiciaire. Mais aussi l'on ne va pas jusqu'à réclamer la contestation en cause.

On sait ce que l'ancien droit entendait par là. L'ordonnance de 1667, tit. XIV, art. 13, portait : « La cause sera tenue pour contestée par le premier règlement, appointement ou jugement qui interviendra après les défenses fournies, encore qu'il n'ait pas été signifié. »

La nécessité d'une constestation en cause avait cependant

(1) *Commentaire sur la Coutume de Bretagne*, 2e éd. Rennes, 1702, tit. XV, Ve partie, §§ 21 et 22.

(2) Raviot sur Perrier, *Arrêts notables du Parlement de Dijon*. Dijon, 1735, qu. 345, n. 14 et 15.

(3) Davot, liv. III, traité VI, 132, p. 680, note. Il ne donne pas de dérepoppement à ces mots : *en matière réelle*.

été soutenue soit d'une manière générale, soit pour certaines espèces de prescription. On ne s'entendait pas sur l'interprétation des textes romains qu'on voulait appliquer ; de là d'inévitables dissidences dans la pratique que l'on avait à régler.

Nous avons déjà trouvé la contestation en cause mentionnée par certaines Coutumes. Charondas le Caron l'exigeait sans hésiter : « Quant à la civile (interruption), qui se fait par instance et poursuite, il la faut entendre non d'une simple assignation et ajournement, ains d'une contestation en cause (1), » et ailleurs : « L'interruption se fait principalement par l'inquiétation de procès qu'on appelle *litis contestation*... car il me semble que, en toutes espèces de prescriptions, soit de long temps, ou de trente ou quarante ans, la seule citation ou ajournement ne suffit pour interrompre, ains qu'il est besoin de la contestation (2). » On retrouve cette doctrine dans Claude le Caron, commentateur de la Coutume de Péronne (3) ; elle semble adoptée par Ferrière, dans certains passages, quoiqu'il s'en tienne, dans d'autres, à l'ajournement libellé. « L'interruption de la possession, dit-il (4), se fait... civilement par voie civile d'action et contestation en cause, appelée en cet article *inquiétation*, » et il en donne cette raison que la mauvaise foi n'est présumée qu'après la contestation en cause (5). Basnage admet que « l'interruption civile se fait ou par l'ajournement ou par la contestation en cause, » mais trouve que « la contestation en cause est le moyen le plus fort et le plus assuré pour interrompre la prescription, » sans doute à cause des difficultés qui s'élevaient dans l'ajournement, d'après ce qu'il nous rapporte (6).

Ceux qui repoussaient la nécessité de la contestation répondaient aux textes romains, où il était parlé de la *litis*

(1) *Pandectes*, L. c.
(2) *Sur la Cout. de Paris*, art. 113-116.
(3) Art. 210, n. 10.
(4) Sur l'art. 113, L. c., n. 6 et suiv.
(5) *Cf. Nouv. Introd. à la Pratique*, 1718 : « *Inquiétation*, en matière de prescription, est une action intentée et contestée, et c'est ainsi que ce terme se doit entendre en l'art. 113 de cette coutume. »
(6) Sur l'art. 522 *de la Cout. de Normandie*.

contestatio, par la constitution de Théodose II ; à l'argument tiré de la mauvaise foi ils opposaient qu'il devait suffire d'un ajournement libellé, « faisant connoître à celui qui jouit la témérité de sa jouissance et possession (1). »

Un autre système, fondé sur la distinction des prescriptions en catégories, était professé par d'Argentré ; il déclarait la litis contestation nécessaire pour interrompre les prescriptions mixtes, qui exigent un titre, c'est-à-dire celles de dix ou vingt ans, celles de quinze ans, admises par la Coutume de Bretagne, même celle de trente ans, quand le possesseur était de bonne foi, parce qu'il s'agissait alors pour lui d'acquérir la propriété même, non une simple exception. Du reste il corrigeait, pour la pratique bretonne, la théorie qu'il admettait comme romaine, et il ne demandait que la litis contestation pour les prescriptions favorables, l'usucapion des meubles, par exemple, comme pour les prescriptions mixtes (2).

Dans l'affaire de 1655, dont nous avons parlé plusieurs fois, l'avocat général Talon disait : « Il y en a, comme la prescription de trente ans, qui sont interrompues par la seule citation, et lors il faut regarder si l'exploit est dans les formes ; d'autres, comme la prescription de dix ans, où il faut contestation et en celles-là il faut examiner s'il y a contestation suffisante. »

29. Nous n'examinons maintenant que ce qui est relatif à l'acte suffisant et essentiel, d'après la doctrine commune de l'ancien droit, pour interrompre la prescription, à l'ajournement libellé.

L'exploit peut être nul. En principe il n'aura pas d'effet, notamment en notre matière. Choppin dit, en citant d'anciens interprètes : « Il est certain qu'une citation nulle n'arrête point le cours de la prescription (3). » C'est même

(1) Dufresne, *Sur la Cout. d'Amiens*, tit. IX, art. 160, n. 4. — De Heu, L. c., sur l'art. 161, n. 7.

(2) L. c., chap. VIII. — Cf. chap II, n. 2-5.

(3) *Sur la Cout. d'Anjou*, liv. I, art. 82, n. 2. Cf. Talon, L. c. — Pothier, *Des oblig.*, n. 693. « Si l'un de ces actes (commandement ou exploit d'assignation) étoit nul par l'omission de quelque formalité, il ne pourroit interrompre la prescription, suivant la règle : *Quod nullum est nullum producit effectum.* »

quelquefois pour faire tomber l'interruption que le défendeur opposera la nullité de l'exploit (1).

La jurisprudence pouvait être amenée par les circonstances à tempérer la rigueur du principe : « Comme la prescription est regardée d'un œil défavorable, il n'est pas toujours nécessaire que les poursuites soient régulières pour interrompre la prescription (2). » Ainsi jugea le Parlement de Paris, le 30 avril 1763, sur les conclusions de l'avocat général Lepelletier de Saint-Fargeau, qui « observa que les cours pouvoient, en pareille circonstance, tendre une main secourable aux parties qui, par le fait d'un huissier, se trouveroient déchues d'une action légitime (3). » L'objet du procès était de plus de 600,000 livres.

Chabrol se croit autorisé à dire : « On a pensé, en général, qu'elle (l'assignation) pouvoit interrompre la prescription, quoiqu'il y eût des nullités dans la forme : en effet, une pareille assignation sert au moins à faire voir que le créancier n'abandonne pas son droit et que le débiteur en est averti, et ce sont les motifs qui empêchent la prescription. » Toutefois, sur cette question à laquelle il réunissait la question si l'exploit d'assignation devant un juge incompétent interrompt la prescription, il exprimait des doutes ; des arrêts cités par les anciens auteurs, il hésitait à tirer une conclusion vraiment générale ; il voyait plus de difficulté à donner un tel effet à l'exploit nul, dans la prescription acquisitive, à raison de sa nature favorable, que dans la prescription libératoire, dont la nature était odieuse : « D'ailleurs, ajoutait-il, il y a des nullités sur lesquelles on ne sauroit passer légèrement comme celles qui laissent le doute de savoir si l'exploit est parvenu à la connaissance du défendeur (4). »

30. La prescription est-elle interrompue, si l'assignation est donnée devant un juge incompétent ?

Cette question embarrassa l'ancienne jurisprudence. Refusant tout effet à un exploit nul, pouvait-on décider au-

(1) Jousse, sur l'ord. de 1667, tit. II, art. I.
(2) Bourjon, liv. VI, tit. VII, Ire partie, ch. IV, sect. III.
(3) Denisart, 1771, v° *Interruption*, n. 5.
(4) L. c.

trement dans le cas où l'incompétence du juge rendait l'assignation inutile ? Un grand nombre d'auteurs reconnaissaient que la prescription n'était pas interrompue. Citons seulement Choppin : « Outre que les règles de droit nous apprennent que la prescription ne s'interrompt par contestation faite par devant celui qui n'est juge (l. *pen. C. ne de statu defunctorum*), nous avons l'usage des justices de France, recueilli par Pierre de Fontaine, qui étoit maître des requêtes du temps du roi saint Louis (1). »

Mais ceux qui s'en tenaient à la règle ainsi posée ne formèrent pas la majorité et ne firent pas prévaloir leur avis. Un arrêt, souvent cité, de juillet 1515, jugea, en sens contraire, et cette doctrine fut confirmée par un arrêt du 1er juillet 1627, dont l'autorité était d'autant plus grande qu'il avait été rendu « en matière de retrait lignager, où tout est de rigueur ; ce qui doit avoir lieu à plus forte raison dans toutes les autres matières (2). »

Dans quelle mesure et par quels arguments pouvaient se justifier, soit la doctrine elle-même, soit les décisions qui l'avaient admise dans certaines affaires ? Dumoulin, en rapportant l'arrêt de 1515, insistait sur ce que l'assignation était libellée (3). La raison ne paraîtra pas décisive à ceux qui se rappelleront que la jurisprudence n'a pas voulu se contenter d'une interpellation extrajudiciaire, même libellée. Or, une fois que l'assignation n'a pas pour conséquence d'engager utilement le procès, en quoi diffère-t-elle d'une sommation quelconque ? Un autre motif est que « l'opposition n'est pas nulle, ni l'assignation non plus, puisqu'on est obligé

(1) *Sur la Cout. d'Anjou*, liv. III, ch. I, tit. V, n. 7. — Cf. D'Argentré, L. c., chap. VI, n. 13. — Louis le Grand, L. c., sur l'art. 23, n. 31. — Auroux des Pommiers, sur l'art. 34 *de la Cout. de Bourbonnais*, n. 26. — Bourjon, liv. III, tit. XXII, chap. II, sect. III, n. 17, *note*.

(2) Pothier, *De la Prescription*, n. 51. — Peut-être ne faut-il entendre ces mots : « Dans toutes les matières, » que des matières où il s'agit de la prescription à l'effet d'acquérir, la seule dont Pothier s'occupe en ce traité. (V. plus bas.) L'opinion qui attache, en tout cas, l'effet interruptif à l'assignation donnée devant un juge incompétent est « consignée dans le procès-verbal du projet de réformation de la Coutume du duché de Bourgogne, et M. de Lamoignon en avait fait un projet de loi dans ses célèbres et sages arrêtés. » (M. Troplong, *De la Prescription*, n. 596, sur l'art. 2246.)

(3) *In styl. Parlam.*, n. 7, art. 102.

de comparaître et de demander son renvoi (1). » Pothier, plus réservé dans son Traité des *Obligations*, où il traite seulement de la prescription libératoire, que dans celui de la *Prescription*, consacré à la prescription acquisitive, dit : « *Lorsque la compétence a pu être douteuse*, la Cour, en prononçant sur l'incompétence du juge devant qui l'assignation est donnée, renvoie *quelquefois* les parties devant le juge qui doit connaître de l'affaire, avec cette clause, *pour y procéder en l'état qu'elles étoient lors de l'ajournement*, » et c'est à ce propos qu'il cite l'arrêt de 1515 (2). Si Pothier fait véritablement une distinction entre la prescription acquisitive, où sans difficulté l'incompétence du juge ne serait pas un obstacle à l'interruption, et la prescription libératoire, où l'interruption ne se produirait qu'à l'appréciation des juges et sous la condition d'une erreur plausible, la décision que nous avons rapportée ne devrait-elle pas encore être rattachée à la théorie de la bonne foi ? « Quand un exploit libellé, dit Ferrière (3), est capable de constituer un possesseur en mauvaise foi, il s'ensuit que l'exploit donné par-devant un juge incompétent est aussi capable d'interrompre la prescription, sur quelque cause que l'incompétence soit fondée. » L'idée qu'une erreur plausible est nécessaire pour donner l'effet d'interrompre la prescription à l'assignation devant un juge incompétent est exprimée par Davot sans distinction et en ces termes : « A moins qu'il ne fût question d'une justice notoirement anormale (4). » C'est ainsi que Chabrol (5) trouve beaucoup de difficulté à admettre l'interruption, en cas d'incompétence *ratione materiæ*.

Dunod, comme beaucoup d'auteurs, rapproche et même assimile le cas où l'assignation est nulle et celui où elle est donnée devant un juge incompétent. Il s'en faut de beaucoup qu'il pose sur l'un et sur l'autre des règles absolues : « Il y a des auteurs d'un grand poids qui tiennent que cette citation qui est libellée, quand même elle seroit faite

(1) La Bigotière, L. c., § 21.
(2) N. 693.
(3) L. c., n. 9.
(4) Davot, liv. III, traité II, § 3, 2, n. CLVIII.
(5) Beaucoup d'auteurs pensent de même. — V. *notamment* Chabrol, L. c.

à comparoître devant un juge incompétent, suffit pour interrompre la prescription. Leur sentiment est équitable en certaines circonstances ; car l'assignation, quoique nulle, est une preuve de la diligence de celui qui se pourvoit en justice ; lorsqu'elle est libellée d'ailleurs et accompagnée de titres, ne peut-elle pas mettre celui qui prescrit en mauvaise foi et effacer la présomption que formoit le long silence du créancier, pour le paiement de la remise de la dette ? les formalités des exploits sont si fort multipliées et la diversité des juridictions si grande qu'un particulier qui s'y trompe est excusable ; et on lit dans le procès-verbal du projet de réformation de la Coutume du duché de Bourgogne, à la journée du 7 août 1591, que, si l'action portant interruption n'est bonne et qu'elle soit inutile, elle ne laisse pas d'interrompre la prescription, *ratione juris prætensi.* Si donc la nullité de l'exploit ne venoit pas d'une faute grossière, s'il étoit libellé de manière que le prescrivant fût mis en mauvaise foi, si la prescription ne couroit qu'en peine de la négligence de celui qui agit, et n'étoit pas de rigueur contre lui, on jugeroit avec fondement qu'elle a été interrompue (1). »

Nous avons cité ce passage tout entier, quoiqu'il soit un peu long ; on y voit une place importante donnée à la théorie de la bonne foi, aussi bien dans l'hypothèse de l'exploit nul que dans celle de l'assignation devant un juge incompétent, et l'on en trouve la mention dans une phrase même où il est ensuite question du créancier et de sa diligence, sans que l'auteur ait soin de distinguer entre la prescription acquisitive, la seule où la bonne foi puisse être utile, et la prescription libératoire.

31. Suffit-il que l'assignation soit donnée avant l'accomplissement de la prescription, quand même le jour pour lequel elle serait donnée, viendrait à échoir après ?

D'Argentré soutient la négative contre Tiraqueau avec la plus grande chaleur (2). Mais il reconnaît lui-même que

(1) Dunod, part. I, chap. IX.

(2) L. c., chap. VI, n. 14 et suiv. — Tiraqueau, d'après lui, soutient l'affirmative. « Sed sine auctore et locali magis consuetudine quam juris auctoritate nixus .. Sed vix est ut probem tam socordem auctorem. »

l'opinion de Tiraqueau avait été plus d'une fois consacrée par des arrêts et qu'elle était adoptée par les savants. Il ne réussit ni à modifier la pratique ni à convertir la doctrine. Tous les auteurs qui jouissaient de quelque autorité, comme les tribunaux, se déclarèrent en sens contraire : « Legrand, *sur la Cout. de Troyes*, art. 23, gl. I, n. 23, est d'avis que la prescription de dix ou vingt ans est interrompue par un exploit dûment libellé, quoique l'exploit soit donné sur la fin et que l'assignation échée après, encore que la cause n'ait point été contestée, parce que tel exploit constitue un possesseur en mauvaise foi : ce qui suffit dans notre Coutume pour interrompre la prescription de dix ou vingt ans... (1). » Il n'y avait pas à distinguer entre la prescription de dix ou vingt ans et celle de trente : « Mais, quand il s'agit de la prescription annale et coutumière, l'on suit son sentiment (celui de d'Argentré), comme dans le retrait (2). » Ce n'est plus alors de prescription qu'il s'agit, à proprement parler (3).

32. L'assignation perd sa force et la prescription est regardée comme n'ayant jamais été interrompue, quand l'instance est périmée.

Cette règle n'avait pas toujours été admise; nous avons trouvé dans la Coutume de Bourbonnais, de 1521, un article qui se termine ainsi : « Et ont effet lesdites interruptions, combien que les exploits des susdits ne soient poursuivis ou que l'instance sur ce commencée soit périe. »

Mais l'ordonnance de Roussillon rendue en 1563, art. 15, porta : « L'instance intentée, bien qu'elle soit contestée, si par le laps de trois ans elle est discontinuée, n'aura aucun effet de perpétuer ou proroger l'action, ains aura la prescription son cours, comme si ladite instance n'avoit pas été formée ni introduite et sans qu'on puisse prétendre prescription avoir été interrompue. »

C'est à cette disposition que renvoient tous les auteurs.

(1) Ferrière, *Corps en compi alion*, L. c., n. 9.

(2) Duplessis, L. c.

(3) La Bigotière, L. c., § 21 donne une raison qui s'accorde avec sa doctrine sur l'opposition extraju icielle. D'après lui, l'assignation a sa force « du jour qu'elle est signifiée, parce que c'est une vraie opposition subsistante. »

Elle ne laissait aucune place au doute, là du moins où l'ordonnance était suivie, et elle le fut notamment en Bourbonnais (1). Mais tous les Parlements ne l'enregistrèrent pas. Charondas le Caron dit qu'elle « décida plusieurs questions forgées en la boutique des docteurs, qui troubloient merveilleusement les tribunaux et siége de justice. Aucuns estimoient que l'instance étoit seulement périe, et l'effet de la contestation (2) demeuroit tant pour le regard de l'interruption que de la mauvaise foi..... Aussi on tient au Parlement de Toulouse, qui n'a voulu vérifier ladite ordonnance (3), que l'action contestée est perpétuée jusqu'à trente ans. Toutefois, puisque l'ordonnance est telle, il n'est plus besoin d'en disputer, et devroit ledit Parlement, qui est sujet aux lois du roi, l'observer aussi bien que fait celui de Paris (4). » L'autorité royale se montra en effet. L'ordonnance de 1629, art. 91, prescrivit l'application de l'article 15 de l'ordonnance de Roussillon dans tout le royaume. Duplessis, en posant la règle et en la montrant acceptée par le Parlement de Dijon, dès 1577, et par la cour des aides de Montpellier, dès 1615, renvoie aux deux actes à la fois (5). Mais l'ordonnance de 1629 elle-même ne fut enregistrée que dans un très-petit nombre de Parlements. Il y eut donc sur ce point une divergence entre les cours souveraines et cette divergence dura jusqu'à la fin de notre ancien droit (6).

Était-ce là ce qui faisait dire à Bourjon « que l'usage présent a beaucoup énervé » l'art. 15 de l'ordonnance de Rous-

(1) Auroux des Pommiers, sur l'art. 34, n. 20.

(2) Nous avons vu que, pour Charondas, c'est la contestation en cause et non l'assignation qui interrompt la prescription.

(3) « L'édit de Roussillon... n'ayant été vérifié, et moins gardé et observé par le Parlement de Toulouse, comme contraire au droit écrit. » Maynard, *Notables et singulières questions de droit écrit jugées au Parlement de Toulouse*. Nouv. éd., Toulouse, 1751. Liv. II, chap. LXXXII.

(4) *Pandectes*, L. c.

(5) L. c., n. 16.

(6) V. *not.* Guyot, *Répertoire*, v° *Péremption*. Le Parlement de Grenoble, la Franche-Comté, l'Artois, n'admettaient pas la péremption de trois ans. Les Parlements de Bretagne et de Normandie ne l'admettaient que quand elle emportait la prescription entière de l'action. Un commentateur de la Coutume de Normandie disait : « L'ordonnance de Roussillon sur cet objet a été reçue difficilement parmi nous ; on préféroit de suivre les anciens usages. » (Le Royer de la Tournerie, *Nouveau commentaire portatif de la Cout. de Normandie*, 2e édit. Rouen, 1778, sur l'art. 522.)

sillon (1)? Les auteurs qui écrivent à la même époque que lui ne représentent pas cet article comme tombé en désuétude dans les pays où il avait été admis.

Un arrêt de règlement du Parlement de Paris, du 28 mars 1692, fixa de la manière la plus précise les règles et les effets de la péremption. Il compléta l'œuvre des ordonnances en appliquant, malgré controverse, la péremption intentée aux instances qui n'avaient pas été contestées, où l'assignation n'avait pas été suivie de constitution et de présentation de procureur (2).

Les annotateurs de Duplessis expliquent ainsi la règle, à propos de la prescription de dix ou vingt ans : « Il y a plusieurs raisons pour lesquelles une instance périe ne constitue point en mauvaise foi. La première est que tous les jours on forme de mauvaises contestations. La seconde est que, quand le défendeur soutient son droit, il faut présumer qu'il le croit juste et la demande de la partie injuste, et qu'aussi il est en bonne foi jusqu'à ce qu'il y ait une sentence qui le condamne ; mais, tant qu'il conteste, l'on ne peut pas dire qu'il soit de mauvaise foi, parce que, sans considérer si la cause est juste ou non, il suffit qu'il la croie bonne et qu'il se défende, pour faire juger qu'il est de bonne foi. Et en effet, pour constituer en mauvaise foi, il faut une connoissance parfaite du droit qu'a une personne, soit de propriété ou d'hypothèque, sur l'immeuble que nous possédons ; c'est pourquoi, quand une personne conteste la demande, elle est présumée avoir (3) cette connoissance parfaite, parce qu'il n'est pas à croire qu'elle fût assez téméraire pour soutenir un procès sans aucune raison, de sorte qu'en se défendant elle est par ce seul endroit toujours présumée de bonne foi. — Mais il y a plus encore : car, quand le demandeur laisse périr l'instance sans la poursuivre, c'est un juste sujet de croire qu'il ne l'a fait qu'à cause qu'il ne pouvoit pas soutenir sa demande, et un défendeur, voyant cette discontinuation de poursuites, a bien plus lieu de croire sa cause juste

(1) L. c., n. 76, *note*.
(2) Sur ce point encore, le Bourbonnais fit céder le texte de la coutume. Auroux des Pommiers, L. c., n. 23.
(3) Sic. Il faut évidemment lire : *n'avoir pas*.

et équitable, et ainsi, bien loin que cette action l'ait pu constituer en mauvaise foi, au contraire elle fera confirmer la bonne foi, cette péremption fait juger en sa faveur (1). » Avec une pareille explication, on se demande ce que devient la doctrine, qui fait résulter la mauvaise foi de l'assignation seule.

« Si, le demandeur s'est désisté de son assignation ou s'il a perdu son procès, l'assignation ne pourra pas servir pour en induire l'interruption (2). »

33. On reconnaît sans difficulté à une demande incidente la même vertu qu'à l'exploit d'assignation qui engage l'instance, la prescription est interrompue par la reconvention ou par la compensation (3).

34. En matière de prescription libératoire, le commandement interrompt-il, comme l'assignation libellée?

Notre ancien droit a fini par décider affirmativement : « Cette interpellation..., lorsque le titre de créance est exécutoire, se fait par un commandement de payer signifié au débiteur, ou, lorsque le titre n'est pas exécutoire, par un exploit d'assignation qui lui est donné (4). »

La décision avait rencontré des contradicteurs. Louis le Grand ne l'admettait pas ; il voulait tout au moins que l'exploit « fût suivi d'une saisie de meubles avec transport, en sorte qu'on reconnût que la saisie et la vente est venue à la connoissance de la partie. Ce qui seroit utile à observer à présent, pour éviter les faussetés qui se commettent souvent pour ce sujet, même pour faire revivre des obligations acquittées (5). » Les expressions de Louis le Grand montrent du reste qu'il combat un usage établi. Duplessis dit : « Un simple exploit de commandement n'interromproit point, » mais cette assertion est rectifiée par une note qui commence ainsi : « L'avis commun au Palais est contraire (6). »

(1) L. c. — Cf. Pothier, *De la Prescription*, n. 53.

(2) Dunod, part. I, chap. IX.

(3) *Ibid.* — Cf. Auroux des Pommiers, L. c., n. 12, qui admet comme interruption judiciaire celle qui se fait *coram judice*, les parties y ayant déjà été traduites.

(4) Pothier, *Des oblig.*, n. 697.

(5) Sur l'art. 24, n. 28.

(6) Liv. II, chap. II, p. 518 et 519. La pensée de Duplessis n'est point parfaitement claire, mais nous n'oserions chercher à la comprendre autrement que ses annotateurs.

Le souvenir des difficultés se retrouve chez les auteurs qui hésitent le moins à faire résulter l'interruption du commandement, ils ne le mettent pas sur le même pied que l'assignation : « Pour interrompre la prescription, c'est une maxime que *minima diligentia prodest ;* ainsi un simple commandement fait au nom du débiteur interrompt la prescription la plus juste et la plus favorable qu'il y ait : savoir, celle du *quinquennium* (1). » Dans le commandement, on voit un *minimum* de diligence.

Jusqu'à la fin de l'ancien droit, l'expression *suffit* se retrouve chez les auteurs qui constatent que le commandement interrompt la prescription. Elle rappelle, peut-être à leur insu, d'anciennes contestations.

Pothier légitime, pour ainsi dire, l'état nouveau du droit en faisant rentrer le commandement avec l'assignation sous la dénomination d'interpellation judiciaire : « Comme l'un et l'autre se font par le ministère d'un sergent, qui est un officier de justice, l'un et l'autre actes contiennent une interpellation judiciaire (2). »

Quand il s'agissait de la prescription de cinq ans applicable aux arrérages des rentes constituées, l'interruption par voie de commandement rencontrait une difficulté particulière : « Par les ordonnances de 1510 et de 1539, en fait d'arrérages de rentes constituées, il falloit une demande judiciaire des arrérages échus pour empêcher le cours de la prescription ; mais l'usage a introduit contre ces ordonnances qu'un simple commandement suffit (3). » Il n'en restait pas moins une hésitation. Quand on parlait, à propos des arrérages de rentes constituées, de l'interruption par voie de commandement, on entrait toujours dans des explications plus détaillées, on obéissait au besoin de justifier sa décision (4).

Les auteurs font observer que le commandement a sur l'assignation l'avantage de n'être point soumis à la péremption (5).

(1) Raviot sur Perrier, L. c., n. 10.
(2) L. c.
(3) Auroux des Pommiers, sur l'art. 18 *de la Coutume de Bourbonnais*, n. 7.
(4) V. Bourjon, liv. VI, tit. VII, 1re partie, chap. IV, sect. II, n. 34.
(5) Le commandement ne se périmait que dans le ressort du Parlement de Bordeaux. Guyot, v° *Commandement*.

Nous avons dit que ce mode d'interruption s'appliquait exclusivement à la prescription libératoire. Les auteurs en traitent à propos de celle-ci (1). Il y en a qui en parlent, quand ils s'occupent de la prescription en général. Ils laissent au lecteur le soin de faire une distinction si facile.

C'est la prescription libératoire de l'action personnelle que le commandement vient interrompre; le tiers détenteur n'est pas un débiteur contre lequel existe un titre paré et auquel puisse, en conséquence, être adressé un commandement (2).

35. La saisie-arrêt dûment notifiée au débiteur interrompt la prescription libératoire à l'égard de celui-ci (3).

« Il en seroit de même, dit Bourjon (4), d'une dénonciation d'une saisie-arrêt faite au débiteur de la rente constituée avec assignation pour la voir déclarer valable; elle opère, quant à ce, tout l'effet d'une demande en condamnation; mais une simple saisie-arrêt, sans dénonciation, et qui par conséquent n'auroit pas frappé l'oreille du débiteur, n'opéreroit pas cet effet; mais, lorsque la poursuite est devenue personnelle contre lui, elle doit opérer cette *suspension* (*sic*). » Bourjon appuie cette décision sur une sentence du présidial rendue « par rapport à la prescription de trente ans ». Aussi n'a-t-il pas à balancer, quand il s'agit un peu plus loin d'en faire une règle générale (5).

Louis le Grand se montrait-il plus exigeant, quand il disait : « Il semble aussi qu'une simple saisie faite par un créancier entre les mains du débiteur de son débiteur, *sans avoir fait contester la cause, ni rendre aucune sentence sur la saisie*, ne doit point interrompre la prescription (6)? »

Loin de trouver la doctrine commune insuffisante, Bourjon « souhaiteroit qu'on donnât cet effet à la saisie et arrêt, quoi-

(1) V. Pothier, Bourjon, etc.

(2) Note citée sur Duplessis, p. 519. « L'avis commun au Palais est contraire, et que le simple exploit de commandement au débiteur de la rente sans assignation dure trente ans, à la différence de la simple sommation ou dénonciation au détenteur pour l'hypothèque... » Cf. Bourjon, L. c., Ve part., chap. I, sect. VII, n. 41, note.

(3) Dunod, part. I, chap. IX.

(4) L. c., n. 56.

(5) L. c., n. 77.

(6) L. c., n. 20.

que non dénoncée; mais cette opinion se soutiendroit plus par l'équité que par les principes (1). » Faut-il croire que l'équité finit par balancer les principes, peut-être par en triompher? Denisart paraît s'étonner de ce que « quelques auteurs prétendent que la simple saisie-arrêt ne produit pas cet effet quand elle n'a pas été dénoncée. »

La saisie-arrêt ne peut interrompre la prescription contre le tiers détenteur d'un immeuble hypothéqué, lorsqu'elle est faite « ès mains du fermier ou locataire du gage et ce sur le propriétaire d'icelui (2). »

Bourjon, qui décide ainsi, étend, au contraire, mais sans donner de suffisantes explications, l'effet de la saisie-arrêt à la prescription acquisitive de la propriété par dix ou vingt ans: « S'il étoit question de la prescription du droit de propriété contre le détenteur de l'héritage qui auroit titre coloré en bonne foi, le trouble de droit ou celui de fait, de droit, la simple saisie et arrêt, de fait, l'enlèvement des gerbes de la part du vrai propriétaire de la chose interromproit le cours de la prescription. » Celui qui invoque ici la prescription de dix ou vingt ans est un usurpateur; il doit donc être moins bien traité que le tiers détenteur, vrai propriétaire de l'immeuble hypothéqué, auquel les dix ou vingt ans procureraient sa libération de l'hypothèque : « C'est l'esprit de la loi, c'est exacte justice (3). » Il ne semble pas que cette opinion ait été admise dans l'ancien droit; peut-être est-elle moins hardie qu'on ne le croirait au premier abord, si l'interruption doit résulter de l'assignation en validité donnée à celui qui prescrit.

36. En cas de saisie réelle la prescription libératoire est interrompue contre le débiteur: 1° au profit du créancier saisissant, par la saisie même; 2° au profit des créanciers opposants, par l'opposition.

Mais la saisie réelle ne doit-elle pas avoir un effet plus étendu, profiter à tous créanciers autres que le saisissant, n'eussent-ils pas fait d'opposition? « On doute encore à pré-

(1) V° *Interruption*.
(2) Bourjon, L. c., V° partie, ch. I, sect. VII, n. 42.
(3) *Ibid.*, n. 43.

sent, dit Auzanet (1), si l'interruption de la prescription doit être prise du jour de la saisie réelle faite sur le lecteur, *quia pignus prætorium in rem est, et omnibus creditoribus prodest, l. quum unus, D. de Bon., auct. jud. poss., l. 5, eod.*, ou seulement du jour de l'opposition au décret par le créancier. » Dunod s'autorise du même texte pour dire : « Il semble qu'elle (la prescription) le soit (interrompue) par la saisie, quand les biens du débiteur sont séquestrés... Hors de ce cas, la saisie-réelle n'interrompt que pour le créancier qui l'a faite (2). » Basnage (3) donne un avis plus absolu qui reproduit en ces termes un commentateur de la Coutume de Normandie, Routier : « La saisie par décret, quoique annale (4), empêche la prescription des cinq années des rentes constituées par argent, encore que ceux auxquels elles sont dues n'aient pas opposé en conséquence de ladite saisie, art. 167 du Règlement de 1666 (5). »

Pothier n'examine pas la situation des créanciers étrangers à la saisie qui ne forment pas opposition. Il considère la saisie et l'opposition comme entraînant au profit de ceux qui les ont faites, non-seulement une interruption, mais encore une suspension de la prescription, pendant tout le temps que dure la saisie...; sa saisie ou son opposition est une interpellation judiciaire toujours subsistante (6). » Il prend encore ici le soin de faire rentrer parmi les interpellations judiciaires la saisie et l'opposition.

37. Le transport d'une créance interrompt la prescription, mais seulement lorsqu'il est signifié (7).

38. Enfin il peut y avoir des modes d'interruption propres à certaines matières ou à certains pays.

Citons « la publication des lettres de terrier, relativement

(1) Sur l'art. 113 *de la Cout. de Paris.*
(2) Part. I, chap. IX.
(3) Sur l'art. 522 *de la Coutume de Normandie.*
(4) C'était une règle spéciale au Parlement de Rouen que la saisie réelle fût annale, « et que, à quelque point que la procédure eût été portée, elle périt par le défaut de continuation des poursuites pendant une année. » Guyot, v° *Saisie réelle.*
(5) *Principes généraux du droit civil et coutumier de la province de Normandie*, 2e édit., Rouen, 1718, liv. VIII, chap. IV, sect. XIV, n. 4.
(6) *Traité du contrat de constitution de rente*, n. 142.
(7) Raviot sur Perrier, L. c., n. 18 et 17.

à l'action qui concerne le paiement des cens et droits seigneuriaux (1). » On avait à se défendre contre les prétentions des seigneurs en cette matière : « J'ai vu prétendre, dit Dunod (2), que cette prescription (de cinq ans en Franche-Comté) étoit interrompue par des billets affichés ou des proclamations faits à l'issue de la messe paroissiale, pour des cens dus aux seigneurs. Mais ce devoir que le censitaire peut ignorer n'est pas suffisant pour le mettre en demeure. » Auroux des Pommiers croit nécessaire de dire « qu'un simple à savoir, tel que ceux des seigneurs censiers, n'est pas suffisant pour empêcher la prescription (3). »

Nous avons vu que, pour la prescription des arrérages des rentes, au moins en certains pays, la simple sommation produisait interruption.

Le rescrit du prince était mentionné pendant longtemps parmi les modes d'interruption de la prescription, mais c'était surtout par respect pour le droit romain : « On ne peut, dit Mornac (4), imaginer un cas où on doive dire qu'il soit usité parmi nous. » Il en cite cependant un, mais où il n'est question que de péremption d'instance (5).

39. Nous n'avons étudié jusqu'à présent l'interruption de prescription que dans les pays soumis au droit coutumier. C'est à propos de la péremption seulement que nous avons eu à parler des autres. Encore, si l'ordonnance de Roussillon a rencontré une vive opposition, n'est-ce pas à dire que, accueillie au Nord, elle ait été repoussée au Midi. Le Parlement de Normandie ne paraît pas l'avoir reçue plus facilement que celui de Toulouse. Il y avait sur ce point une différence entre les ressorts, non pas entre les pays de coutumes et ceux de droit écrit.

En 1285, on constatait, à Toulouse, qu'une enquête faite par une personne avec un notaire public et des témoins sur un immeuble possédé par un tiers, malgré la rédaction d'un

(1) Guyot, v° *Interruption*. — Cf. Denisart, v° *Interruption*, n. 7, et surtout, v° *Terrier*, n. 19.

(2) Part. III, chap. x.

(3) L. c., n. 11.

(4) *Ant. Mornacii, in Senatu Parisiensi patroni, observationes*. Nov. ed. Paris, 1721, liv. I, tit. XX, col. 181 et 182.

(5) Cf. sur ce sujet d'Argentré, L. c., chap. ix.

acte public, n'interrompait pas la prescription commencée au profit du possesseur (1). Il fallait davantage. Que fallait-il?

La théorie qui paraît avoir été la plus généralement adoptée dans les pays de droit écrit est celle qui distingue trois classes de prescriptions. Nous la trouvons dans Guy-Pape (2), comme nous l'avons trouvée dans d'Argentré. Sous l'autorité de Guy-Pape, elle semble s'être maintenue jusqu'à la fin de l'ancien droit à Grenoble (3). Mais, en général, pour s'adapter à la pratique, elle subit la même modification qu'admettait d'Argentré. Les trois classes, distinguées en principe, sont réduites à deux, les prescriptions favorables, qui sont interrompues par la contestation, les prescriptions odieuses, qui sont interrompues par la citation. Les prescriptions mixtes disparaissent, se confondant avec les prescriptions favorables ; les unes et les autres sont soumises à la règle qu'on avait regardée comme faite pour les premières, celle de l'interruption par la contestation (4).

Despeisses énumère les modes d'interruption : 1° la contestation en jugement, pourvu que la péremption d'instance n'en efface pas rétroactivement l'effet ; 2° la demande par écrit, faite devant les arbitres choisis par compromis ; 3° une simple demande, faite au débiteur par devant le juge compétent, « pourvu que le demandeur ait obtenu défaut contre le débiteur » ; 4° l'exécution faite par le demandeur, pourvu qu'elle soit dûment signifiée à la partie ; 5° lorsque le créancier a possédé sans violence la chose qui lui est obligée,... et par un arrêt ordonnant l'exécution des actes précédents (5).

(1) *Coutumier général. Consuetudines Tolosæ*, 1288. *Rubrica, de præscriptionibus.*

(2) Genève, 1630. Qu. 416, n. 2-4.

(3) Chorier, *La Jurisprudence de Guy-Pape*, nouv. éd., Grenoble, 1769, liv. V, sect. V, art. 14-16.

(4) Jean Papon, *Secrets du troisième et dernier notaire*, Lyon, 1578, tit. III, V° livre, p. 368. Il regarde comme favorables « ces prescriptions d'actions, droits ou immeubles qui se font par dix ans,... des qu'aucuns les aient douteuses mixtes... » Il se demande encore si les lettres de prince peuvent interrompre les prescriptions odieuses.

(5) *Œuvres*, nouv. éd., Lyon, 1750. *Des contrats*, part. IV, tit. IV, n. 29.

Du Rousseaud de la Combe, en annotant ce passage, dénature la pensée de « l'avocat et jurisconsulte de Montpellier, » qu'il prétend expliquer; Despeisses admet que la demande interrompt la prescription, mais pourvu que le demandeur ait obtenu défaut contre le débiteur, « car autrement la simple assignation n'empêche pas la prescription » ; et il cite la l. 3, pp. ff. *De Eo per quem factum erit.* Du Rousseaud de la Combe ajoute : « S'entend si l'assignation est tombée en péremption. » Telle n'est pas la pensée de Despeisses. Celui-ci donne une décision qui n'est pas conforme au droit commun des pays coutumiers. C'est sans doute de la même manière qu'il faut entendre ce passage de Chorier : « Par exploit libellé, sans présentation de l'assigné : arrêt (du Parlement de Grenoble) du 12 de septembre 1641, » pour le cas où l'interruption résulte de la simple citation.

Despeisses s'écarte sur un autre point d'une doctrine qui, après avoir été contestée, était devenue dominante dans les pays coutumiers : « L'assignation donnée devant un juge incompétent, dit-il, n'interrompt pas la prescription, notamment lorsque la partie décline la juridiction dudit juge. »

Catellan pose la question : « Si une sentence nulle, ou un contrat nul, ou une assignation devant un juge incompétent interrompt la prescription ; » il cite deux arrêts du Parlement de Toulouse faisant résulter d'une sentence nulle l'interruption, mais ajoute qu'il ne faut pas « conclure absolument à l'égard de la sentence nulle par défaut de compétence. » — « Plusieurs croient néanmoins, dit-il, que l'association libellée, qui contient précisément la demande devant un juge incompétent, interrompt la prescription... La prescription ordinaire, feint paiement d'une créance véritable, semble ne mériter guère en effet qu'on fasse des distinctions en sa faveur, ainsi l'interpellation en justice sur la demande précise semble devoir suffire pour l'interrompre. Cette idée est naturelle sur la matière ; la sentence et l'assignation, si nulle qu'elle puisse être, ne laisse pas d'emporter la présomption de paiement que donne le silence. Elle met à l'abri du blâme de l'inaction et de la paresse le créancier, qui n'a manqué que dans la manière d'agir ; elle doit sur ce pied interrompre la prescription, effet de cette présomption, et peine de cette inaction et de cette paresse (1). » On le voit, c'est une opinion, c'est un vœu qu'exprime Catellan ; il demande une innovation, et l'effet qu'il veut faire reconnaître à l'assignation donnée devant un juge incompétent, il le réclame pour l'assignation nulle. C'est une théorie aussi hardie que nouvelle, qui n'avait pu recevoir la sanction de la jurisprudence.

La jurisprudence du Parlement de Bordeaux offrait sur notre matière des particularités remarquables.

Lapeyrère s'en rapporte d'abord au principe du droit commun : « Tous ajournements en France interrompent la prescription (2). » Mais est-ce le seul acte qui en toute matière puisse produire cet effet ?

Quand il s'agit de la prescription de dix ou vingt ans, l'interruption résulte d'une sommation extrajudiciaire, suivie de la signification du titre. Salviat le déclare, bien après Lapeyrère, et avec plus de précision : « Dans notre ressort, toute sommation suivie de la signification du titre suffit pour constituer le tiers acquéreur en mauvaise foi, et dans son intérêt la prescription est arrêtée, quoique la sommation n'ait pas été accompagnée d'exploit dans les dix ou vingt ans... Ainsi il est inutile que le notaire interpelle l'acquéreur de signer, comme le prétend Lapeyrère ; son acte n'en produit pas moins d'effet. » L'auteur, après avoir constaté que la doctrine contraire a pour elle les autres parlements, ajoute : « Mais, parmi nous, notre usage est certain, que la moindre notification faite à l'acquéreur le prive du privilége de la prescription de dix ans, parce qu'il ne peut plus être de bonne foi (3). »

Le Parlement de Bordeaux avait accepté la doctrine canonique sur la bonne foi, mais il ne s'était pas arrêté en chemin.

Ce qui vient d'être dit ne s'applique pas seulement à la prescription de dix ou vingt ans qui fait acquérir la propriété ;

(1) *Arrêts remarquables du Parlement de Toulouse*, nouv. éd. Toulouse, 1723. *Ibid.*, tit. II, liv. VII, chap. II.
(2) *Décisions sommaires du Palais*, 6e éd. Bordeaux, 1749. *Lettre P*, n. 54.
(3) *La Jurisprudence du Parlement de Bordeaux*. Paris, 1787, v° *Prescription*, p. 400 et 401.

il faut l'étendre à celle qui libère l'immeuble hypothéqué : « Dans notre usage, la simple dénonciation d'hypothèque faite à l'acquéreur suffit pour interrompre la prescription de dix ans entre présents et vingt ans entre absents, établie par la loi en faveur du tiers possesseur (1) » ; cette règle était textuellement insérée dans un arrêt de règlement de 1627. Aussi n'avait-on pas introduit dans le ressort du Parlement de Bordeaux l'action en déclaration de l'hypothèque (2).

Mais, si la théorie de la bonne foi produit toutes ses conséquences dans son domaine, elle ne s'étend pas au delà. La simple sommation ne suffira donc pas pour interrompre la prescription trentenaire. Le notaire ne parviendra pas à lui faire produire cet effet en interpellant la partie de signer, et Salviat critique Lapeyrère, qui a « voulu attacher du poids à cette interpellation (3). »

Sur tous les autres points, du reste, le Parlement de Bordeaux se montre peu disposé à rendre l'interruption plus facile. Dans le cas d'assignation donnée devant un juge incompétent, Lapeyrère « croit que l'interruption est bonne, si la partie assignée comparaît (4), » elle ne l'est donc point par elle-même.

Le Parlement de Bordeaux n'admet pas que le commandement interrompe la prescription : « C'est un point d'usage certain et incontestable (5). S'il est suivi d'une instance, il interrompra la prescription, non par lui-même, mais par la vertu des actes auxquels il sera joint. » C'est avec cette rigueur qu'il faut interpréter le principe posé par Lapeyrère, « que tous ajournements en France interrompent la prescription. »

Il en sera de même « d'un acte d'opposition fait entre les mains du débiteur. »

Quant à la saisie réelle, l'interruption est admise, mais pour le seul saisissant ; pour que les oppositions la produisent, il faut « qu'elles soient renouvelées par requête dans

(1) Lapeyrère, L. c., n. 54.
(2) Salviat, vº *Hypothèque*, p. 292.
(3) L. c., vº *Prescription*, p. 400.
(4) L. c., n. 54. Cf. *lettre R*, n. 171.
(5) Lapeyrère, L. c., n. 54, add. de la 3ᵉ éd.

l'instance des criées, ou qu'elles soient faites entre les mains du saisissant et dans le corps même de la saisie réelle (1). »

III

40. Les trois premiers projets de Code civil, préparés à l'époque révolutionnaire, indiquaient un seul mode d'interruption forcée : la demande régulièrement faite (2), judiciaire (3).

41. Les dispositions du Code civil sur ce sujet donnèrent lieu à plusieurs observations de la part des corps auxquels elles furent préalablement communiquées.

La sommation, mentionnée dans l'art. 29 du projet, devenu l'art. 2247 : « s'il laisse périmer l'instance, la sommation ou la saisie (4) », fut supprimée sur les observations du tribunal d'appel de Lyon (5). La mention, dans ce seul article, ne pouvait tenir qu'à un défaut d'attention de la part des rédacteurs.

Le tribunal de cassation voulut faire ajouter à l'art. 28, devenu l'art. 2246, un paragraphe ainsi conçu : « Il en est de même d'une assignation qui ne serait nulle que par un vice qui ne toucherait pas à la certitude que la copie est parvenue à celui qu'on veut empêcher de prescrire, » et il appuya sa demande sur les motifs suivants : « Pourquoi une assignation nulle par défaut de forme n'interromprait-elle pas la prescription, aussi bien que celle donnée devant un juge incompétent, qui constate que la copie est parvenue? Lorsqu'elle a été donnée, lorsqu'elle est parvenue, le réclamant a-t-il été négligent jusqu'au bout? le possesseur a-t-il cru jusqu'au dernier moment être tranquille détenteur? Remarquons que nul jugement ne peut en aucun cas intervenir sur l'assigna-

(1) Salviat, L. c.

(2) Premier projet, art. 133. Fenet, t. I, p. 64.

(3) Deuxième projet, art. 143. *Ib.*, p. 123. — Troisième projet. *Ib.*, p. 277.

(4) *Ib.*, t. II, p. 407.

(5) *Ib.*, t. IV, p. 341. — Le tribunal d'appel d'Orléans demandait « quel était ou quel serait le temps qui opérerait la péremption pour une simple sommation. » (*Ib.*, t. V, p. 89.) Celui de Paris fit observer que, au lieu de *sommation*, il faudrait écrire *commandement*, « une sommation ne paraissant pas susceptible de péremption. » (*Ib.*, t. V, p. 287.)

tion donnée devant un juge incompétent, tandis qu'une assignation nulle par défaut de forme peut, si la nullité est couverte, devenir la base d'une procédure, d'une condamnation, etc. (1). »

D'un autre côté, le tribunal de Rennes demanda que l'assignation donnée devant un juge incompétent n'eût pas pour effet d'interrompre la prescription quand l'incompétence serait radicale : « Tous les jurisconsultes, dit-elle (2), ont fait cette distinction, qui paraît devoir être conservée. — On a objecté que, la prescription étant odieuse, l'interruption doit être admise, quoique la citation soit nulle. La commission a répondu que ce qui est nul ne peut avoir d'effet. — Un autre membre a proposé d'appliquer cette maxime à la prescription, en décidant, en termes généraux, que la citation nulle ne peut avoir l'effet d'interrompre. — On a répondu que, les nullités pouvant être couvertes, du moins celles de forme, cette proposition ne peut être admise. »

Les demandes très-différentes des deux compagnies furent également repoussées, sans que Bigot-Préameneu en réfutât longuement les motifs dans son *Exposé :* « On distingue la nullité qui résulterait de l'incompétence du juge et celle qui a pour cause un vice de forme. — Dans le premier cas, l'ancien usage de la France, contraire à la loi romaine, était qu'une action libellée interrompait la prescription lors même qu'elle était intentée devant un juge incompétent ; cet usage, *plus conforme au maintien du droit de propriété*, a été conservé. — Mais, lorsque les formalités exigées pour que le possesseur soit valablement assigné n'ont pas été remplies, il n'y a pas réellement de citation et il ne peut résulter de l'exploit de signification aucun effet (3). » Le raisonnement est faible. Le maintien du droit de propriété pourrait être mis en avant dans le second cas aussi bien que dans le premier. Ni dans l'un ni dans l'autre, il ne saurait justifier l'application de la règle à la prescription libératoire.

Enfin l'ancienne méfiance pour l'interruption par voie de

(1) *Ib.*, t. II, p. 70.
(2) *Ib.*, t. V, p.
(3) *Ib.*, t. XV, p. 583.

commandement inspira des observations aux tribunaux de Lyon et de Nîmes : « Le simple commandement, dit le premier (1), s'il ne contient point d'assignation en justice, la saisie entre les mains d'un tiers, peuvent être soustraits et rester ignorés ; ils ne peuvent pas former une interruption. On propose : La citation pour comparaître devant le juge, signifiée à celui qu'on veut empêcher de prescrire, la saisie-exécution de ses meubles forment l'interruption civile. » Le tribunal de Nîmes s'exprimait ainsi : « Il faudrait dire : *un commandement suivi d'une saisie;* car un simple commandement, sommation ou interpellation extrajudiciaire, non suivi d'une citation ou introduction d'instance, ne suffit pas *pour causer la mauvaise foi* et produire l'interruption civile. Le principe est d'ailleurs reconnu par l'article qui suit (2). » Il est encore question, dans ce passage, de mauvaise foi, et c'est à propos d'un mode d'interruption qui s'applique essentiellement à la prescription libératoire.

IV

42. L'origine des art. 2244 à 2247 du Code civil est dans le droit romain. Mais les textes, que notre ancien droit tenait à suivre, étaient diversement interprétés, et l'on put longtemps n'avoir point partout la même pratique, tout en pensant obéir au même législateur. Cependant la règle qui faisait de l'ajournement le moyen ordinaire de l'interruption finit par devenir assez générale pour former le droit commun du royaume. Elle était d'une application plus facile que le système qui distinguait plusieurs classes de prescriptions, selon ce qu'elles pouvaient avoir de favorable ou d'odieux; personne ne contestait qu'elle n'eût régi un certain nombre de cas chez les Romains; quelques-uns pensaient qu'elle les avait régis tous, et à la plupart de ceux même qui ne lui reconnaissaient dans le passé qu'une autorité limitée, elle semblait un changement imposé, peut-être un progrès réa-

(1) *Ib.*, t. IV, p. 341.
(2) *Ib.*, t. V, p. 27.

lisé par la pratique du présent. Mais ce qui la fit définitivement prévaloir jusque dans les prescriptions regardées comme favorables ou comme mixtes, notamment dans celles de dix ou vingt ans, ce fut la substitution de la théorie canonique sur la nécessité de la bonne foi continuée pendant toute la durée de la possession à la théorie du droit civil, qui se contentait de la bonne foi au commencement de la possession. La bonne foi fut regardée comme cessant par la réception de l'ajournement libellé. Le motif qui autorisait l'effet interruptif de cet acte dans certaines espèces de prescriptions en particulier fut bientôt donné à propos de la prescription en général et l'on ne songea pas à distinguer quand on expliqua la règle dont on faisait l'application à tous les cas.

L'idée nouvelle prit beaucoup d'importance, elle servit tantôt à justifier des règles antérieurement posées, tantôt à les modifier et à les étendre. La principale raison alléguée pour exiger, malgré un dissentiment avec Justinien, que l'ajournement fût libellé, ce fut la nécessité de constituer le défendeur en mauvaise foi. L'ancien droit ne posa de règle tout à fait absolue, ni sur le cas où l'assignation était donnée devant un juge incompétent, ni sur celui où l'exploit était nul pour défaut de forme ; il se montrait toutefois plus enclin à admettre l'interruption dans le premier ; il semble bien que, dans l'un comme dans l'autre, il se soit préoccupé de savoir, non-seulement si le demandeur s'était montré diligent, mais encore si la demande n'avait pas dû faire cesser la bonne foi chez le défendeur. Quand la péremption eut été établie par ordonnance royale, il fallut expliquer pourquoi une instance périe ne constituait pas en mauvaise foi. On ne put même pas proscrire pour toute hypothèse et en tout pays l'interruption par voie de sommation extrajudiciaire. Sans doute il était très-difficile de l'accueillir en principe ; elle n'était appuyée sur aucun texte ; la mauvaise foi que produisait la demande était une mauvaise foi présumée, *interpretativa*, comme disaient ses commentateurs ; l'on pouvait encore transporter à la demande cet effet, jadis attaché à la *litis contestatio*, d'après de grands interprètes du droit romain, de produire une présomption de mauvaise foi ; l'on ne pouvait aller plus loin. Cependant il fallait faire la part des circonstances, car, en fait, il était possible que la mauvaise foi résultât d'une sommation libellée, fût-elle extrajudiciaire. D'ailleurs, le droit canonique avait poussé son principe jusqu'au bout : il était naturel que quelqu'un se rencontrât qui acceptât la dernière conséquence après avoir accepté le principe ; il faut dire que le Parlement de Bordeaux, en adoptant l'un et l'autre, prit le soin de restreindre au cas de prescription acquisitive de dix ou vingt ans l'application d'une déduction devant laquelle lui seul n'avait jamais reculé. Il y eut enfin plus d'un pays où, avec le temps surtout, l'on se montra disposé à se contenter d'une sommation extrajudiciaire, notamment dans des matières d'un fréquent usage, telle que la prescription des arrérages de rente.

Le droit commun, ayant appris à s'écarter du droit romain, tendit constamment à rendre l'interruption plus facile. Il reconnut notamment des modes nouveaux, parfaitement distincts de l'assignation, qu'on chercha un peu tard à justifier, même en doctrine, en les rattachant artificiellement à l'interruption judiciaire, le commandement, les saisies. Ces actes semblèrent suffisants pour manifester la diligence du créancier. On tenait aussi à ce qu'ils allassent « frapper l'oreille » du prescrivant ; cependant cette considération ne paraissait que secondaire à ceux qui voulaient qu'une saisie-arrêt, même non signifiée, interrompît la prescription, et qui plaçaient leur opinion sous le patronage de l'équité.

On ne peut s'étonner que, en général, on se soit montré moins disposé, dans le Midi que dans le Nord, à modifier et à étendre le droit que l'on pensait tenir des recueils romains. Nous en avons eu la preuve sur certains points importants, aussi bien chez les anciens auteurs et dans la jurisprudence des parlements que dans les observations des tribunaux d'appel sur le projet de Code civil.

43. Les rédacteurs du Code civil ont établi un ensemble de règles, qui représente assez fidèlement le dernier état de notre ancien droit.

Ils ont demandé que la possession fût *paisible* (art. 2229).

On sait que cette expression n'est pas entendue de même par tous les commentateurs du Code civil. Pour MM. Aubry et Rau (1), « la possession est entachée de violence, ou, en d'autres termes, elle n'est pas paisible, lorsqu'elle a été acquise et gardée au moyen de voies de fait accompagnées de violences matérielles ou morales. » *Paisible* est donc synonyme de *non violente.* L'art. 2233 contient le développement de ce mot. D'après M. Troplong (2), il faut plus pour la possession paisible ; ce qui achève de la caractériser, c'est qu'elle n'est pas fréquemment inquiétée par des tiers.

Il nous semble que ni l'une ni l'autre de ces explications ne s'accorde avec le langage de nos anciens textes et de nos anciens auteurs. Ce n'est pas de *possession non violente*, c'est de *possession non interrompue* que *possession paisible* y est synonyme. Il est peu probable que les rédacteurs du Code, empruntant le mot à ceux qu'ils avaient l'habitude de suivre comme leurs guides, l'aient pris dans un autre sens, et s'ils l'avaient fait, ils eussent sans doute exprimé leur intention. Mais, dit-on, il en résulte un pléonasme dans l'art. 2229. Ce n'est qu'une ressemblance de plus avec bien des articles des coutumes.

La controverse, quand elle porte sur le système de M. Troplong, peut intéresser la pratique : ce système introduit dans la loi un mode d'interruption de plus, le trouble fréquent de fait causé par un tiers. C'est, au contraire, un intérêt tout théorique que présente le système enseigné par MM. Aubry et Rau, puisque la pensée du législateur, telle qu'ils la comprennent, se trouve reproduite et développée dans l'art. 2233.

Est-il utile de rechercher des cas exceptionnels où le commandement peut interrompre la prescription acquisitive ? Ce n'est pas dans cette vue que l'ancienne jurisprudence l'a placé parmi les modes d'interruption. Rien n'autorise à croire que les rédacteurs du Code aient voulu s'écarter des précédents pour faire produire à cet acte un effet peu conforme à sa nature propre.

Nous ne croyons pas, non plus, malgré l'autorité de MM. Aubry et Rau (3) que, en cas de saisie-arrêt régulière-

(1) *Cours de Droit civil français*, 4e éd., § 180.
(2) *De la Prescription*, n. 350.
(3) § 215, p. 353 et *note* 31.

ment signifiée au débiteur, dans les délais légaux, l'interruption remonte au jour même de la saisie, parce que « l'art. 2244 porte que la prescription est interrompue par la *saisie signifiée* et non par la *signification de la saisie.* » Nous pourrions opposer aux savants auteurs que, dans notre langue classique, dont les rédacteurs du Code employaient encore souvent les tournures, les deux expressions sont synonymes. Mais nous tenons surtout à faire observer, que, d'après Bourjon, c'est la dénonciation de la saisie-arrêt qui produit l'interruption, il le dit textuellement, que nulle part on ne trouve l'idée d'un effet rétroactif attaché à la dénonciation.

En reproduisant les diverses règles le plus généralement acceptées dans le dernier état de notre ancien droit, ceux qui rédigeaient notre nouvelle législation se rendaient-ils un compte bien exact des raisons pour lesquelles elles avaient été établies ? Il y en avait sans doute une qui leur échappait. Quand ils écrivaient l'art. 2269 : « Il suffit que la bonne foi ait existé au moment de l'acquisition, » quand ils expliquaient cette règle en développant les motifs « qui avaient empêché de conserver celle qu'on avait tirée des lois ecclésiastiques et suivant laquelle la bonne foi était exigée pendant tout le cours des prescriptions de dix et de vingt ans (1), » ils ne se souvenaient probablement pas du rapport intime qui avait existé entre cette règle et l'interruption par voie de citation en justice.

La manière dont on explique souvent l'ensemble des dispositions relatives à l'interruption de prescription montre que l'influence de ce rapport intime n'a pas complétement disparu. On ne se borne pas toujours à dire que celui qui se prétend propriétaire ou créancier doit manifester clairement l'intention de réclamer son droit, ou même que le possesseur, que le prétendu débiteur doit avoir connaissance de cette manifestation. On va plus loin ; on représente, comme Dunod, qu'une personne « peut croire que la demande n'est pas sérieuse, lorsqu'elle n'est pas faite dans la forme requise pour donner lieu à l'adversaire de se défendre, ou que celui qui a fait l'interpellation ne s'y est pas cru fondé, puisqu'il

(1) Bigot-Préameneu, *Exposé des motifs* ; Fenet, t. XV, p. 594.

n'y a pas donné suite. Peut-être cette idée est-elle bien celle du législateur ; peut-être a-t-elle inspiré notamment les articles qui exigent que la citation en conciliation, pour interrompre la prescription, soit suivie d'une assignation en justice dans les délais de droit (art. 2245 C. civ.), dans le mois à dater du jour de la non-comparution ou de la non-conciliation (art. 57 C. pr. civ.). Mais d'où vient que l'on recherche ce que peut penser le possesseur ou le prétendu débiteur sur la valeur de la manifestation faite par le prétendu propriétaire ou créancier? N'est-ce pas un souvenir des systèmes anciens sur les actes qui étaient suffisants ou insuffisants pour constituer un possesseur en mauvaise foi?

Les dispositions du Code sont plutôt équitables que savamment coordonnées. Les art. 2244 à 2247 ne sont pas à l'abri de tout reproche d'incohérence. On a cherché à les en disculper; il nous semble douteux qu'on y ait réussi. Le Code a décidé que l'assignation donnée devant un juge incompétent interrompait la prescription, et il a refusé cet effet à l'assignation nulle pour défaut de forme; les motifs sur lesquels il a fondé sa première décision se réduisent à deux, l'ancien usage de la France et le respect du droit de propriété. Laissons de côté le second : le droit de propriété ne serait pas moins intéressé, nous l'avons fait observer, à ce que l'on se contentât d'un exploit nul pour vice de forme. Reste le premier: sur quoi était fondé cet ancien usage de la France, plus contesté que ne le dit Bigot-Préameneu? en grande partie sur l'idée que, nonobstant l'incompétence, le défendeur pouvait être constitué en mauvaise foi. La même idée avait été exprimée à propos de l'exploit nul pour vice de forme. On a tenté de justifier la différence des décisions par des raisons qui ne se sont pas présentées à l'esprit des rédacteurs du Code ou qui sont absolument insuffisantes. A vrai dire, cette différence était admise par l'ancien droit; mais le Code, en la reproduisant, l'a rendue nécessairement beaucoup plus absolue et par là peut-être plus difficile à expliquer. Il n'a pu, d'ailleurs, la fonder sur des motifs qui se rattachassent vraiment à la matière même de la prescription (1).

(1) V. Marcadé, sur les art. 2243-2248, n. III.

Il nous sera permis de signaler sur un autre point une incohérence, cause d'une lacune. Le Code, renonçant au système de l'hypothèque occulte, ne s'est pas occupé de l'action en déclaration d'hypothèque. C'était de cette action que se servait autrefois le créancier hypothécaire pour interrompre la prescription contre le tiers détenteur avant l'échéance de la dette, puisqu'il ne pouvait exercer l'action hypothécaire elle-même et que le droit commun ne reconnaissait pas à une interpellation extrajudiciaire l'effet interruptif. Dans cette situation, que peut-il faire aujourd'hui? Les hypothèques sont publiques; mais elles sont sujettes à prescription. Une sommation ne suffit pas pour les conserver. Il a donc fallu reconnaître, malgré le silence de la loi, qu'une action en déclaration d'hypothèque pouvait encore être formée (1).

Après l'échéance, le créancier hypothécaire fait sommation au tiers détenteur de payer la dette exigible ou de délaisser l'héritage (art. 2169). Il ne peut envoyer un commandement, puisqu'il n'a pas de titre exécutoire contre le tiers détenteur; ce n'est point par voie d'action en justice qu'il exerce ses droits. Cette sommation suffira-t-elle pour interrompre la prescription? Nous ne contesterons pas la doctrine très-raisonnable qui répond affirmativement (2). Nous ferons seulement observer qu'elle ajoute au texte de la loi la sommation des créanciers hypothécaires, quelque puissants effets qu'elle produise, ne rentrant pas dans les termes de l'art. 2244, qui a été certainement rédigé d'une manière limitative.

(1) MM. Aubry et Rau, § 213, *note* 24. — Cf. M. Pont, *Commentaire. — Traité des Priviléges et Hypothèques*, 3e éd., n. 1184 et 1237. — La Cour de cassation s'était prononcée en sens contraire, le 9 mai 1836. — Civ. req. D. *A Priv. et hyp.*, n. 1843 : « Une action en déclaration d'hypothèque, *que la législation actuelle n'autorise plus.* »

(2) MM. Aubry et Rau, § 215 et *note* 21. — M. Pont, *ib.*, n. 1259.

3283-77. — Corbeil. Typ. de Crété fils.

www.ingramcontent.com/pod-product-compliance
Ingram Content Group UK Ltd.
Pitfield, Milton Keynes, MK11 3LW, UK
UKHW020329220726
13923UKWH00003B/1449

9 782019 706920